رموز وعلامات من حولنا

وجدتها... وعرفتها!

دار جامعة حمد بن خليفة للنشر
صندوق بريد 5825
الدوحة، دولة قطر

www.hbkupress.com

جميع الحقوق محفوظة.

لا يجوز استخدام أو إعادة طباعة أي جزء من هذا الكتاب بأي طريقة دون الحصول على الموافقة الخطية من الناشر باستثناء حالة الاقتباسات المختصرة التي تتجسد في الدراسات النقدية أو المراجعات.

الطبعة العربية الأولى عام 2023

الترقيم الدولي: 9789927164231

تمت الطباعة في الدوحة - قطر.

مكتبة قطر الوطنية بيانات الفهرسة – أثناء – النشر (فان)

عثمان، عاطف، مؤلف.

رموز وعلامات من حولنا : وجدتها... وعرفتها! / تأليف عاطف عثمان. - الطبعة العربية الأولى. - الدوحة، دولة قطر : دار جامعة حمد بن خليفة للنشر، 2023.

68 صفحة : إيضاحيات ؛ 22 سم

تدمك 978-992-716-423-1

1. الرموز والعلامات -- أعمال للناشئة. أ. العنوان.

P99 .U75 2023

302.2223– dc23

202328656751

رموز وعلامات من حولنا
وجدتها... وعرفتها!

تأليف: عاطف عثمان

دار جامعة حمد بن خليفة للنشر
HAMAD BIN KHALIFA UNIVERSITY PRESS

المحتويات

كلمة للآباء والمعلمين 9

1. أين نجد العلامات والإشارات والرموز؟ 11

2. دور الحواس والإشارات العصبية 17

أ. أعراض المرض 17

ب. حاسة الشم 18

ج. حاسة اللمس 19

د. حاسم السمع 20

هـ. حاسة البصر 21

و. الألوان ومعانيها 22

3. التواصل واللغة 25

أ. التواصل عند أسلافنا 25

ب. فن الكهوف 28

ج. حجر رشيد 29

د. اللغة 30

هـ. الكتابة 30

5

32	و. لغة الجسد
33	ز. الإيماءات
34	ح. الرموز التعبيرية (إيموجي)
35	ط. لغة الإشارة
35	ي. علامات الترقيم
37	ك. الرموز الرياضية والأرقام ورسم المصحف
38	ل. الرسوم البيانية
39	م. التواصل عند الحيوان

4. العلامات المرئية 41

41	أ. الظواهر الفلكية
42	ب. المنارات
43	ج. الخرائط
43	د. أيقونات الكمبيوتر
44	هـ. الأعلام
45	و. الرموز الوطنية
46	ز. رموز القوة والسلطة السياسية
46	ح. الملابس الرسمية
47	ط. الإعلام وقت الطوارئ

48	ي. العلامات على الطرق وفي المباني
49	ك. اللافتات التحذيرية والإرشادية

5. علامات تجارية وعلامات إنسانية — 51

51	أ. المؤسسات التجارية
51	ب. المؤسسات الإنسانية

6. العلامات: احتياجات وتحديات — 55

56	أ. طريقة برايل
57	ب. شارة الصليب الأحمر والهلال الأحمر
58	ج. الطب الشرعي

7. المنظمات وشعاراتها — 59

8. ما العلامة؟ — 63

64	أ. ما فائدة العلامات والإشارات؟
64	ب. كيف تصنع شعارًا أو رمزًا مميزًا؟
65	ج. ما الشروط التي تجعل الشعار مؤثرًا؟

9. أنشطة — 67

كلمة للآباء والمعلمين

يناسب هذا الكتاب اليافعين والشباب، ويهدف إلى توسيع مداركهم حيال أنفسهم ومحيطهم عن طريق:

1. تنمية وعيهم بأجسامهم عند الصحة والمرض مثلًا، وطرق استجابة الأجسام مع المؤثرات الخارجية عن طريق الحواس.
2. تنمية وعيهم بالمحيط الذي يحيون فيه، وتعزيز انتباههم نحو التفاصيل التي اعتادوا رؤيتها، وتنبيه حواسهم كي يتمكنوا من قراءة ما حولهم من (اللوحات، واللافتات، والإشارات، والعلامات، والرموز، والشعارات، والصور، والإعلانات)، وتدريبهم على معرفة العلامات ومعانيها.
3. تحفيز وعيهم لتفسير العلامات تفسيرًا صحيحًا، لأن إساءة التفسير قد تلحق الضرر بهم وبغيرهم.
4. تعريف اليافعين والشباب بالمنظمات:
   أ. المحلية التي تؤدي خدمات بيئية وتعليمية وصحية... إلخ.
   ب. الإقليمية مثل المنظمة العربية للتربية والثقافة والعلوم، ومجلس التعاون لدول الخليج العربية، وغيرها.
   ج. العالمية مثل الأمم المتحدة، واللجنة الدولية للصليب الأحمر، وتوضيح أهدافها في تحسين حياة البشر، ودفاعها عن القيم والسلوكيات الإيجابية وحقوق الإنسان.
5. تبسيط الأفكار والنظريات التي تمس حياة اليافعين والشباب، وعرضها بطريقة شائقة تناسب قدراتهم وتنمِّيها. فالكتاب قائم على تبسيط بعض الأفكار الأساسية في علم العلامات (semiotics) وهو علم يختص بدراسة الرموز والعلامات والإشارات ومعانيها وسبل تفسيرها.
6. تنبيه اليافعين والشباب إلى أهمية توجيه إمكاناتهم وقدراتهم نحو تعلم مهارات التصميم الفني والابتكار والتحليل والنقد، ما يساعدهم على استكشاف بعض مجالات العمل مثل التصميم الفني أو الهندسة المعمارية.

1

1- أين نجد العلامات والإشارات والرموز؟

نصادف علامات وشارات ورموزًا وإشارات أينما التفتنا حولنا، نراها ونسمعها ونلمسها ونشمها ونفهم مغزاها. غُرَفُنا وحدها قد تحوي عشرات العلامات المختلفة، فنجد بعضها على ملابسنا وعلى أغلفة كتبنا وفي صفحاتها الداخلية، وتظهر بوضوح على أجهزة الكمبيوتر والهواتف المحمولة. وكلما اتسع نطاق بحثنا صادفنا علامات أكثر كمًّا ونوعًا. فالعلامات موجودة في البيوت والشوارع والمؤسسات والطرق والمستشفيات والمدارس وفي كل مكان.

صافرة الحَكَم في مباراة كرة القدم تُعد علامة، إنها إشارة صوتية يستخدمها حكم المباراة ليعلن بدء اللعب أو إيقافه أو استئنافه، من دون أن ينطق بكلمة. فيُطلق الحَكَم صوت الصافرة ويتوقع استجابة اللاعبين لها. إنها طريقته للتواصل مع اللاعبين بلغة الإشارة. أما حَكَم الراية فيستخدم رايته لينبه الحكم الرئيسي إلى احتساب التسلل أو عبور الكرة خط التماس أو غير ذلك.

وتعد إشارات المرور علامات توجه السائقين والمارة وتحدد حركتهم في الشوارع وعلى الطرق. فإشارة المرور الخضراء تعني:

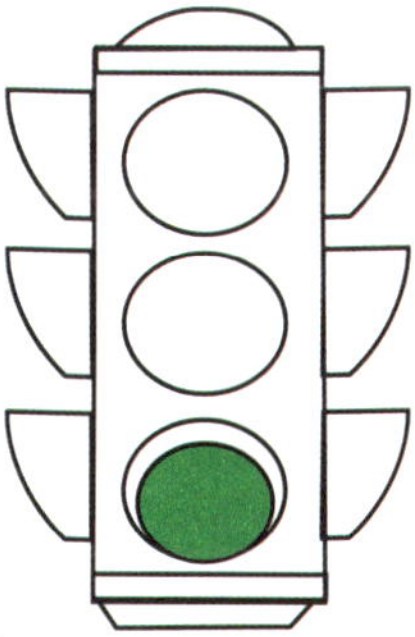

يمكنك المرور بسلام الآن.

أما إذا ظهر رمز البطارية على شاشة هاتفك المحمول وقد تحول إلى اللون الأحمر فهذا يعني أن الهاتف يحذرك من أن طاقة البطارية أوشكت على النفاد، وعليك إعادة شحنها بتيار كهربي. وإذا وصلتَ الهاتف المحمول بالتيار الكهربي، يتغيَّر لون رمز البطارية على الشاشة إلى الأخضر فتدرك حينئذ أنها قيد الشحن بالطاقة.

ويؤدي أعضاء الأوركسترا أداء منسجمًا متناغمًا، يحتاج فيه موسيقيو الفرقة إلى قائد أوركسترا يتواصل معهم بإيماءات وإشارات خاصة يفهمونها.

ولا نجد العلامات والإشارات في البيئة من حولنا فحسب، بل تُصدر أجسامنا إشارات تنبيهية أحيانًا: إن ارتفاع درجة حرارة أجسامنا عن 37 درجة مئوية يعني أننا لسنا على ما يرام، أو أننا مصابون بمرض ما ويجب استشارة الطبيب.

ولدينا في تجويف الأنف مستقبلات حسية أيضًا، وحين تستقبل الروائح التي يحملها الهواء ترسل إشارات إلى الدماغ، حينئذ نتعرَّف على الروائح الطيبة والكريهة، ويصير بإمكاننا التمييز بين روائح شواء اللحم وروائح الحرائق على سبيل المثال.

اختلاف العلامات

تكون بعض العلامات والإشارات اصطلاحية أي عُرفية، فلا تتضمن معنى جوهريًّا كامنًا فيها، لكنها تكتسب المعنى من اتفاق المرسِل والمستقبِل على معناها. وبعبارة أخرى، يبتكر البشر العلامات ويتعارف المرسِل والمستقبِل على معنى محدد لها، ويتفقان عليه، فتنشأ العلاقة بين العلامة ومعناها. وإذا أخذنا إشارات المرور مثالًا، فلا يوجد ارتباط طبيعي بين اللون الأحمر وتوقف المرور، ولا بين اللون الأخضر وإمكانية المرور، ولا بين اللون الأصفر والتأهب للمرور. إنما هي أضواء نجدها على لوحة الإشارات الضوئية اكتسبت معانيها لأن السلطات قررت الربط بينها وبين المعنى المقصود، وتعارَف عليها الناس في كل دول العالم واتفقوا على معناها المحدد ووظيفتها

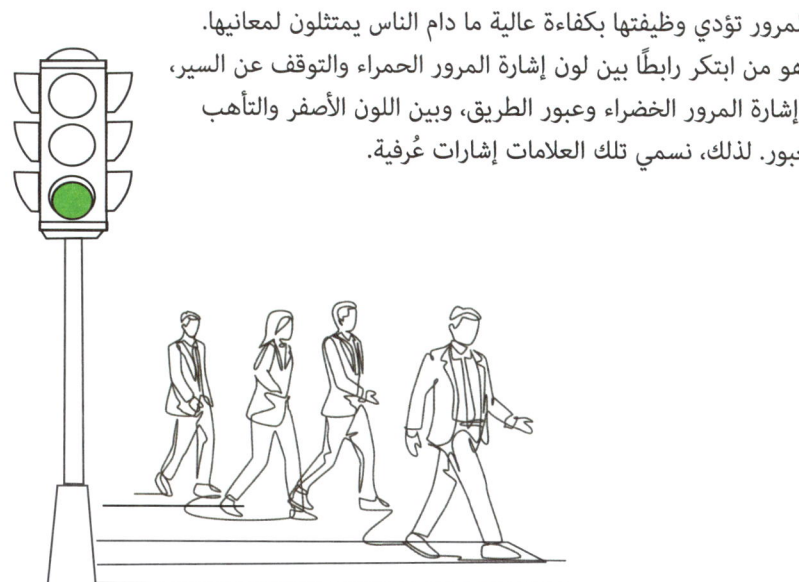

فإشارات المرور تؤدي وظيفتها بكفاءة عالية ما دام الناس يمتثلون لمعانيها. والإنسان هو من ابتكر رابطًا بين لون إشارة المرور الحمراء والتوقف عن السير، وبين لون إشارة المرور الخضراء وعبور الطريق، وبين اللون الأصفر والتأهب للسير والعبور. لذلك، نسمي تلك العلامات إشارات عُرفية.

أ. علامات عُرفية

لم يربط الإنسان اللون الأحمر بالخطر والتحذير وحدهما في بعض العلامات، مثل إشارة المرور الحمراء، وملصقات التحذير من خطر الإصابة بعدوى كوفيد- 19، واللافتات التي تحظر وقوف السيارات في أماكن محددة. بل ربط اللون الأحمر بتشغيل الأجهزة الكهربية، فإذا ظهر الضوء الأحمر في السخان الكهربي، فهذا يعني أن الجهاز متصل بالكهرباء وفي وضع التشغيل.

والاختلاف نجده في معنى صوت الصافرة، فصافرة حكم المباريات الرياضية لا تمت بصلة لصافرة إبريق الشاي، فالأخيرة تعني أن الماء وصل إلى درجة الغليان وصار بإمكانك استخدام الماء لإعداد كوب الشاي.

ولو هبط على كوكبنا كائن فضائي ورأى تلك الإشارات المتشابهة وعرف معانيها المختلفة لأصابه الذهول بكل تأكيد!

ب. علامات طبيعية

بعض العلامات والإشارات الأخرى يمكن وصفها بأنها علامات طبيعية؛ لأنها تكتسب معناها من ملاحظاتنا وخبراتنا التي نمرُّ بها في حياتنا. فنحن نربط أحيانًا بين العلامة والمعنى عن طريق ملاحظاتنا بالحواس الخمس وكيفية إدراكنا للواقع والطريقة التي نرى بها التغيرات.

فعلى سبيل المثال، إن ارتفاع درجة حرارة جسمك علامة ظاهرة على أنك لست على ما يرام ويجب عليك استشارة الطبيب. وإن توقُّف أجهزة الجسم الحيوية للكائن الحي علامة على وفاته. تلك علامات نفهمها استنادًا إلى الخبرة والملاحظة والتكرار، ولا يتغير معناها بتغير الحالات، على عكس اللون الأحمر أو الصافرة مثلما ذكرنا آنفًا.

ومن العلامات الطبيعية الثابتة المعاني ندرك -على سبيل المثال- أن حركة الأشجار وحركة موج البحر ترتبطان بحركة الرياح واتجاهها وقوتها، وأن بعض الأصوات في الطبيعة مثل زقزقة العصافير أو أزيز النحل أو نقيق الضفادع نعي المكان الذي نكون فيه والأجواء المصاحبة له.

وفي الحالتين يفهم البشر معنى العلامة العرفية والطبيعية كأنها كلمات منطوقة أو لغة نتخاطب بها لنقل عدد كبير من الرسائل المفهومة واستقبالها. أي أن صوت الصافرة، وأضواء إشارة المرور، وتكاثر السحب الكثيفة شتاءً، واستدارة البدر، وسقوط أوراق الشجر أو نموها في توقيت معين من العام، وارتفاع درجة حرارة الجسم فوق 37 درجة مئوية على مؤشر الترمومتر الطبي، وغيرها من العلامات؛ هي رسائل كاملة ومفهومة من دون كلمات منطوقة أو مكتوبة.

....

تتنوع العلامات وتشمل: الكلمات، وعلامات الترقيم، والأرقام، والإيماءات الجسدية، وتعبيرات الوجه، والرموز التعبيرية (إيموجي)، ولغات الإشارة، ولافتات الشوارع، والأيقونات والرموز على الخرائط، وشعارات المنظمات، والعلامات التجارية، والتصميمات المعمارية، والألوان، وأكثر من ذلك.

....

يواصل هذا الكتاب اصطحابك في رحلة شائقة لاستكشاف العلامات المختلفة وإدراك أهميتها للوجود الإنساني، إذ لا يُمكن تصوُّر حياة البشر ولا تواصلهم من دون علامات، ولا يمكن وجود علامات إلا ويصاحبها تفسير. إن العجز عن فهم مغزى بعض العلامات، أو إساءة تفسيرها، أو الاستهانة بها وتجاهلها، قد يعرِّض الفرد أو مجموعة من البشر للضرر أحيانًا، بل ربما يهدد أرواحهم وأرواح الآخرين.

فهل بوسعك أن تعيش في عالمك اليوم وأنت تتجاهل العلامات أو تخطئ في تفسيرها أو تعجز عن فهم مغزاها؟

2- دور الحواس والإشارات العصبية

أ. أعراض المرض

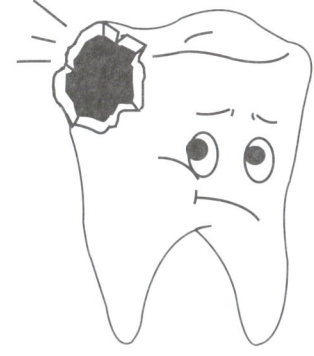

شعر آدم بألم في أسنانه فذهب إلى طبيبة الأسنان. وقال لها: «شعرتُ منذ يومين بألم خفيف في أسناني، ثم زاد الألم واشتد، كأن أحدهم يغرز إبرة في لثتي». وحين فحصت الطبيبة فمه، قالت له: «من الواضح يا آدم أنك لا تهتم كثيرًا بغسل أسنانك بانتظام.»

كيف عرفت الطبيبة ذلك؟

لا بد أنها رأت علامات تدل على ما قالت، مثل اصفرار أسنان آدم، أو وجود ضرس لونه أسود وبه ثقب فهذه علامة على تسوُّس الأسنان. استنتجت الطبيبة من هذه العلامات المرئية ومن وصف آدم للألم الذي يحس به أنه لا يهتم بغسل أسنانه اهتمامًا كافيًا يجنِّبه الأمراض والآلام التي تصيب الأسنان واللثة.

هل تساءلتَ يومًا عما تعنيه أعراض الأمراض؟

إذا أُصبتَ بالأنفلونزا مثلًا، قد تشعر بصداع وألم في عينيك وارتفاع في حرارة جسمك عن المعدل الطبيعي، وتلك الأعراض قد تجد لها تفسيرًا، لكنك ستحتاج إلى الطبيب كي يعطيك معنى موثوقًا لتلك الأعراض، فهي بالنسبة له دليل لتشخيص المرض وتقديم العلاج.

إن أعراض المرض إذًا بمثابة علامات وإشارات تهمك وتهم الطبيب أيضًا. إنها مهمة بالنسبة لك لأنها تكشف ما يطال صحتك وجسدك من تغييرات، وحينئذ تطلب المشورة الطبية كي تحمي نفسك وتتعالج بأسرع وقت قبل أن يشتد الألم وتزداد خطورة المرض. ويهتم الطبيب بمعرفة تلك العلامات كي يشخِّص مرضك تشخيصًا صحيحًا. فالمعرفة الصحيحة بالعلامات وتفسيرها العلمي الصحيح يجنِّبك التهوين (الإهمال والتفريط في صحتك)، والتهويل (الإفراط في الخوف والقلق على سلامتك دون داع).

فإذا كنت تشكو من ألم ما وزرتَ طبيبًا، فاحرص على إخباره بما تحس به وما تراه من علامات وإشارات وتغيُّرات في جسمك، ولا تهمل ذكر أي تفصيل عن حالتك، حتى يتمكن من إجراء تشخيص سليم ووصف علاج مناسب لك عند الحاجة، أو تقديم توصيات وإرشادات صحية لك. فعلى سبيل المثال يستخدم الأطباء ميزان الحرارة (الترمومتر الطبي) لقياس درجة حرارة أجسامنا بدقة.

ب. حاسة الشم

بعد أن أنهت علياء واجباتها المدرسية، هَمَّت بالخروج من غرفتها. وما إن فتحت الباب، حتى التقط أنفُها رائحة لحم مشوي. لم ترَ علياء أمها وأبيها حين كانت عند باب غرفتها، لكنها تيقنت أنهما يقفان في تلك اللحظة في المطبخ ويتشاركان إعداد طعام الغداء مثلما اعتادا أن يفعلا.

رائحة اللحم المشوي نفاذة، وعلياء لا تستطيع مقاومتها، لذلك أحسَّت بالجوع فجأة. استشعرت حاسَّةُ الشم لديها الرائحةَ وأرسلت إشارات متوالية إلى دماغها. وما هي إلَّا لحظات حتى قررت علياء التوجه إلى المطبخ لتشارك والديها إعداد الغداء. وأخبرتهما قائلة: «أنا سأعدُّ سلطة الخضراوات».

كيف يحدث الشم؟

تلتقط شعيراتٌ دقيقة للغاية داخل الأنف الروائح التي يحملها الهواء، وترسل إشارات إلى الدماغ فيميز الروائح.

ج. حاسة اللّمس

عندما دخلت علياء إلى المطبخ ورأت البخار يتصاعد من الآنية الموضوعة على الموقد، تذكرت يوم لمست غطاء إناء ساخن من غير انتباه، وتسبب لها في حرق جلدي سطحي.

نظرت إلى كف يدها. لا أثر للحرق فقد تعافى كفها تمامًا، لكن أثر الحادث الصغير لم يُمح من ذاكرتها.

فهمت علياء أن تصاعُد بخار الماء من الإناء على موقد، والحرق الجلدي السطحي الذي قد يسببه لمس الآنية الساخنة هما علامتان طبيعيتان. فالتسخين يؤدي إلى رفع درجة حرارة الإناء ومحتواه فيتصاعد البخار، ويتأثر الجلد بلمس الأجسام الساخنة وقد يصاب بحروق ظاهرة.

كيف تحمينا أجسامنا من الأخطار؟

تستجيب أجسامنا للسخونة والبرودة والوخز والارتطام والصعق وغير ذلك بطريقة تلقائية فورية. إنها الاستجابة اللاإرادية وتسمى «السلوك الانعكاسي» (reflex action). وتلك الاستجابة تحدث قبل أن تفكر فيما يفترض أن تفعله. فعندما تلمس جسمًا شائكًا أو حاوية شديدة البرودة، ترسل خلاياك العصبية تحت الجلد إشارات إلى نخاعك الشوكي فتبعد جسمك تلقائيًّا عن المصدر كي تحمي نفسك. لا وقت للتفكير هنا؛ الجسم يحمي نفسه بنفسه، لئلا يصاب بالمزيد من الضرر.

د. حاسة السمع

في طريقها إلى المدرسة انتبهت علياء وهي تسير على الرصيف إلى صوت صافرة سيارة الإسعاف التنبيهية. كثيرًا ما سمعت ذلك الصوت وهي في بيتها لأنها تسكن بالقرب من المستشفى، لكنها كانت للمرة الأولى التي ترى فيها سيارة الإسعاف قريبة منها وهي تسير مطلقة صوتها المميز.

ولاحظت أن السيارات تتجه إلى يمين الطريق وتفسح طريق الحارة اليسرى لسيارة الإسعاف. فمن أين لكل سائقي السيارات أن يتصرفوا بالطريقة ذاتها في لحظات؟ وما السر وراء تصرفهم على هذا النحو؟

تستخدم سيارات الإسعاف والمطافئ آلة صافرة تنبيه ذات صوت مميز عال، حتى يتنبه قادة السيارات والمارة وشرطي المرور أيضًا. وتسعى فرق الإسعاف والمطافئ إلى إنقاذ أرواح الناس وحماية ممتلكاتهم من التلف والدمار، فكل دقيقة لها ثمن غال. لذلك ابتُكرت صافرة التنبيه بصوتها المميز لسيارات الإسعاف والمطافئ كي يدرك الناس وجود حالة طارئة تتطلب تدخلًا سريعًا من الأطباء أو فرق الإسعاف أو المطافئ. ويسمع شرطي المرور وسائقو السيارات ذلك الصوت المنبِّه لسيارة الإسعاف أو سيارة المطافئ فيفسحوا الطريق على الفور لإنقاذ ما يمكن إنقاذه.

تلك العلامة الصوتية المميزة، أي صوت صافرة التنبيه الخاصة، طريقةٌ فعالة للتواصل. وهي إشارة أي علامة عرفية في غاية الأهمية، إذ تتوقف حياة بعض الناس على فهم مغزاها فهمًا صحيحًا ومن ثم سرعة الاستجابة لها. وتطلق القطارات العادية وقطارات الأنفاق صافرة مميزة أيضًا، وهي بمثابة إشارة تعلن عن وصولها أو عن استعدادها للمغادرة.

ولا بد أنك تعلم معنى جرس المدرسة؟ فحين يقرع يدخل التلاميذ إلى الفصول أو يخرجون إلى الفسحة أو يكون إعلانًا عن انتهاء الدوام. وماذا عن استخدام المنبِّه ليساعدنا على الاستيقاظ؟ فهل استعنت بالمنبه يومًا؟ إذا كان جوابك نعم، فهذا يعني أنك اختبرت وظيفته وعرفت معنى الصوت عند سماعه.

وإليك مثالًا آخر عن الإشارات الصوتية: في أوقات الحرب قد تشن القوات المتحاربة غارات جوية، فتهاجم الطائرات مواقع في دولة معادية لها. تنطلق صافرات الإنذار على نطاق واسع لتحذير من يتعرضون للهجمات وتنبيههم إلى ضرورة الفرار إلى الملاجئ الآمنة. ومن لا يفهم مغزى تلك الإشارة المتفق عليه ولا يستجيب لها فورًا قد يخسر حياته.

هـ. حاسة البصر

في طريق عودتها من مدرستها، كانت علياء تسير على الرصيف وقررت العبور إلى الرصيف المقابل. اتجهت إلى منطقة عبور المشاة وراقبت حركة السيارات ثم رفعت بصرها نحو لوحة إشارات المرور. رأت الضوء الأصفر المتقطع ثم بعد ثوانٍ عدة رأت الإشارة الخاصة بالمشاة تتحول إلى اللون الأخضر. توقفت السيارات، فوضعت علياء قدمها على الخطوط البيضاء المخصصة لعبور المشاة وعبرت الطريق. وعند سيرها في الشارع راقبت العلامات المنتشرة في الشارع، ومنها اللافتات على المحال التجارية، ومنها كذلك إشارات الطريق، فهذه إشارة عليها رسم دراجة هوائية ما يدل على وجود مسرب خاص للدرّاجين، وراقبت ازدحام المارة ورأت امرأة تحمل مظلة لتحمي رأسها من أشعة الشمس. ورأت علامة تشير إلى وجود مدرسة.

تساعدنا إشارات المرور الضوئية وخط عبور المشاة وتقسيم الطريق إلى حارات واتجاهات على تنظيم حركة السير في طرقاتنا وعدم إهدار الوقت، وتجنب الحوادث. وتعرفنا العلامات الأخرى على اختلاف أنواعها على ما هو موجود في المكان فما نراه من إشارات سلوكية يجعلنا ندرك الأحوال العامة للناس أيضًا.

و. الألوان ومعانيها

هل ترى العلاقة بين اللون الأحمر والتوقف عن السير، أو منع المشاة من عبور الطريق؟ هل يعني الضوء الأحمر دائمًا التوقف عن الفعل والحركة، وهل يعبِّر دائمًا عن الخطر فقط؟ هل للألوان معانٍ ثابتة أو تختلف معانيها باختلاف موضعها؟

تختلف معانيها بالطبع، فالضوء الأحمر لا يعبر دائمًا عن «التوقف أو الخطر». وبعض الأجهزة الكهربية تستخدم الضوء الأحمر للإشارة إلى أن الجهاز في وضع التشغيل لا التوقف، في حين تستخدم أجهزة أخرى الضوء الأخضر أو الأزرق، مثل جهاز الكمبيوتر الذي أستخدمه لكتابة هذه السطور، ومثل الضوء الأحمر في لوحة مفاتيح الكهرباء داخل بيتك، التي تعني سريان التيار الكهربي، فإذا انطفأتْ تدرك أن التيار قد انقطع. ويكون اللون الأحمر جزءًا من تكوين أعلام دول عديدة، ويغلب على أعلام دول أخرى بالكامل. هل يدخل اللون الأحمر في تكوين علم بلدك؟ وما الدول التي يغلب على أعلامها اللون الأحمر؟ ابحث عنها، ففي البحث فائدة ومتعة.

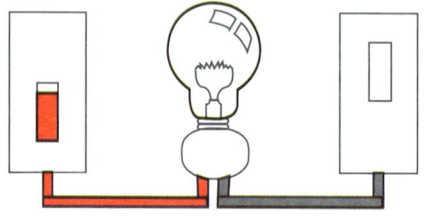

وعلى شواطئ البحار تُستخدم الرايات الحمراء لتحذير الناس من الخطر. وإذا رأيت راية حمراء على الشاطئ فاعلم أن السلطات تريد أن تنبه مرتادي الشاطئ أن السباحة خطرة على سلامتهم بسبب اضطراب حركة الموج.

ومع أن الضوء الأصفر في إشارات المرور يعني أن تكون في وضع «الاستعداد للسير أو للتوقف»، إلا أن البطاقة الصفراء في ملعب كرة القدم تعني تسجيل عقوبة بحق اللاعب المخالف وإنذارًا له بالطرد من الملعب إذا كرر المخالفة. وعلى سائقي السيارات أن يستخدموا الإشارات الضوئية الجانبية الصفراء، ليشيروا إلى أنهم على وشك الانعطاف يمينًا أو يسارًا.

لكن ماذا عن ألوان أحزمة الكاراتيه؟ إنها تختلف باختلاف مستوى اللاعبين ودرجة إتقانهم لفنون اللعبة القتالية بين الأبيض والأصفر والبرتقالي والأخضر والأزرق والبني والأحمر والأسود. وذلك يعني أن لكل لون دلالة، فعلى سبيل المثال يدل الحزام الأصفر على أن اللاعب صار يعرف المبادئ الأساسية للعبة، والحزام الأخضر يدل على أن اللاعب وصل إلى مستوى صعب في التدريب، أما الحزام الأحمر فيشير إلى مرحلة الإتقان في الأداء.

كيف نفسر اختلاف الألوان؟

بعض العلامات ذات الألوان تكتسب معناها من الرسالة التي يريد الإنسان إيصالها، أي ما يتفق عليه المرسِل والمستقبِل. ولا يكون لها معنى أصلي ملازم لها دائمًا، إنما تكتسب معناها من اتفاق

الطرفين. فمعنى الألوان الأخضر والأصفر والأحمر ليس ثابتًا في كل السياقات، إنما يعطيها الإنسان المعنى الذي يريده في سياق معين، وهكذا يتفق الناس على المعنى ويتصرفون بناءً على ما اتفقوا عليه. وقد أدرك البشر أنهم بالاتفاق على بعض الإشارات والعلامات سيتمكنون من تنظيم أنشطتهم وتيسير التواصل فيما بينهم وتجنب سوء الفهم. وتلك نماذج عن **علامات عُرفية**.

لكن انتبه!... إن ورقة الشجر الذابلة يتحول لونها من الأخضر إلى الأصفر عند التحلُّل.

وإذا اسودَّ لون رغيف الخبز فهذا يعني أنه احترق. وإذا أمسكتَ إناءً ساخنًا دون حائل، ستشعر بألم وقد يتحول لون جلدك على الفور إلى الأحمر. هذا الاختلاف في اللون علامةٌ على حدوث تغير. لم يحدد البشر معاني لتلك الألوان، إنما فهموا دلالتها مع تكرار حدوثها؛ لأنها **علامات طبيعية**.

ستختزن ذاكرتك علامات كثيرة وتدرك معانيها كلما مررت بخبرات مختلفة في الحياة مثلما حدث مع علياء. فقد احتاجت علياء أدوات هندسية، ومرت بمتجر اللوازم المكتبية الذي اعتادت أن تشتري منه حاجتها من قرطاسية وكراسات مع بداية العام الدراسي. وحين اقتربت من باب المكتبة المغلق، رأت على أركانه خيوط عناكب كثيفة. خمَّنت علياء أن المكتبة مغلقة منذ شهر على الأقل.

إن تراكُم خيوط العنكبوت بكثافة يعني على الأرجح أن المكان مهجور منذ فترة طويلة. ونحن حين نلاحظ تلك العلامة نستنتج ما وراءها. تعلمت علياء من تكرار الملاحظة أن العناكب لا تنسج خيوطها وشباكها بكثافة إلَّا في أماكن مهجورة أو غاب عنها أصحابها لفترة ما.

يفسر الإنسان معنى بعض العلامات نتيجة خبراته وملاحظاته واستنتاجاته وإدراكه للواقع. ويربط بين تلك العلامات وتفسيره لها.

3

3- التواصل واللغة

أ. التواصل عند أسلافنا

نجح البشر منذ زمن سحيق في إيجاد طرق ووسائل عديدة للتواصل فيما بينهم. وأدرك الإنسان أنه كي يحيا في جماعة، مهما كانت صغيرة العدد، لا بد من أن يفكر في وسيلة لنقل الأفكار والمشاعر والاحتياجات وتبادلها مع غيره. فالتواصل يمكّن البشر من التفاهم والتعاون لكونه يرتكز على تبادل المعاني المفهومة بين الأفراد عن طريق نظام رموز وعلامات متفق عليه.

اكتشف أسلافنا القدماء أن بإمكانهم استخدام الأدوات الطبيعية الموجودة في بيئتهم كقرون الحيوانات والقواقع البحرية، لإصدار أصوات عالية ومميزة أو للاستماع إليها. كانت تلك الأدوات الجاهزة للاستعمال ملائمة لاستخدامات البشر القدماء في إظهار التحية، أو إرسال إشارات مختلفة، أو إصدار تحذير من خطر وشيك. كانت تلك أدوات مناسبة، لا سيما في المناطق الشاسعة والجبلية، وعند الخروج للصيد في جماعات، أو وقت التعرض لاعتداء من مجموعات أخرى معادية.

ولقد أدرك أسلافنا أن تلك الأدوات تساعدهم على التواصل، والنجاة من الأخطار، واستغلال الفرص وقت الخروج للصيد. وشكّلت تلك الأدوات «امتدادًا» طبيعيًا لصوت الإنسان، إذ كانت بمثابة مكبرات صوت طبيعية ضخّمت صوت الإنسان ونقلته إلى مسافات بعيدة. واكتشف الإنسان القديم أن إجراء بعض التعديلات على القواقع البحرية يساعد على إصدار أصوات موسيقية مميزة.

اكتشف علماء الآثار قوقعة بحرية في كهف في جنوب فرنسا، يرجع تاريخها إلى أكثر من 17 ألف عام، وفيها بعض الثقوب والفتحات ما يجعلها تصدر أصواتًا مميزة عند النفخ فيها أو إدخال الكف فيها لتغيير الأصوات.

ربما شعر أسلافنا بأنهم اكتسبوا قوة أكبر باستخدام تلك الأدوات، وربما لاحظوا أنهم ابتكروا استخدامًا جديدًا لها، فأدركوا أن لديهم قدرة على السيطرة على واقعهم وحل المشكلات عبر التفكير والخيال والتجربة واستغلال الفرص وحماية بعضهم بعضًا من الأخطار واعتماد الاتصال السريع الفعال فيما بينهم. وبمرور الزمن أثّرت تلك الأدوات على وجود جماعات صغيرة ومجتمعات بأكملها، وألهمت الأجيال المتعاقبة لاختراع وسائل وأدوات جديدة للتواصل.

إذا حاولت الإجابة على الأسئلة التالية، فستدرك كيف نستفيد من وسائل الاتصال في جوانب عديدة من حياتنا:

- **هل ترى أن وسائل الاتصال الحديثة مثل الإنترنت والهاتف المحمول سرَّعت التواصل بين الناس وسهَّلته؟**
- **هل يمكنك إيجاد مثال على مساهمة الهاتف أو الإنترنت في حل إحدى المشكلات؟**
- **هل ساعدتك وسائل الاتصال على تنبيه أحد ما من خطر معين؟**
- **هل ساعدتك وسائل الاتصال على طلب العون في لحظة معينة؟**
- **هل يمكننا القول إن وسائل الاتصال تمنح القوة للأفراد والمجموعات؟ وكيف؟**

قديمًا، استخدم أسلافنا قرون الحيوانات والأبواق المصنوعة من الخشب، لإصدار أصوات ضخمة عند مهاجمة أعدائهم، ربما لبث الرعب في قلوبهم. ولم يقتصر التواصل في الأزمان القديمة على الإشارات الصوتية التي تصدر من أدوات طبيعية وصناعية تكبِّر الصوت فحسب، إنما تعلم أسلافنا كيف يستخدمون الإشارات المرئية ليتواصلوا فيما بينهم أيضًا. ومنها استخدام القدماء النار والدخان لإصدار إشاراتٍ كانت بمثابة ناقل للرسائل بين الأفراد والجماعات. وربما بذل أسلافنا جهدًا كبيرًا مع مرور الأزمان حتى توصلوا إلى ابتكار قواعد تنظِّم مصالحهم وشؤونهم.

في رواية «أمير الذباب» (Lord of the Flies) للمؤلف البريطاني ويليام غولدنغ، تسقط طائرة على جزيرة غير مأهولة في سنوات الحرب العالمية الثانية. يموت جميع أفراد طاقم الطائرة ولا يبقى إلا الأطفال. في البداية يحاول هؤلاء الأطفال إشعال نيران لتكون علامة لأي طائرة يصادف مرورها فوق جزيرتهم، أو أي سفينة تبحر قربها كي تنقذهم. وبعد تكرار فشل محاولاتهم، حاولوا تنظيم وجودهم على الجزيرة. اكتشف أحد الأطفال قوقعة بحرية، واتفق الجميع على استخدامها لإصدار صوت يشير إلى ضرورة اجتماعهم. واستقرَّ قرارهم على أن من يطلب الكلمة في الاجتماعات يمسك «القوقعة». كانت القوقعة وسيلة للتواصل ثم صارت رمزًا للتنظيم والنظام والقانون بدلًا من أن تتداخل أصواتهم ويتحول الاجتماع إلى فوضى. فمن يطلب القوقعة ويحملها سيتحدث، ويحافظ الباقون على الصمت والانتباه لما يقال، ويتناوب المجتمعون حمل القوقعة طلبًا للكلام.

ب. فن الكهوف

ترك أسلافنا في عصور ما قبل التاريخ علامات ورسومًا ونقوشًا محفورة على جدران الكهوف التي عاشوا فيها. ففي بعض الكهوف في ليبيا وفرنسا، اكتشف علماء الآثار رسوم حيوانات على جدرانها.

يرجع تاريخ تلك الرسوم إلى أكثر من 12 ألف عام. ولا يعرف المختصون على وجه التحديد الغرض من تلك الرسوم، فربما رسمت للزخرفة والتزيين لا أكثر، وربما كانت جزءًا من طقوس دينية.

استخدم أسلافنا من مختلف الحضارات منذ آلاف السنين الألواح الحجرية والمسلات وجدران المعابد لحفر نقوش ورموز وعلامات عليها. وسجلوا عليها أحداثًا مهمة أو نقشوا عليها رموزًا تعبدية.

ورسم المصريون القدماء عبارات باللغة الهيروغليفية على الأحجار والمقابر والمسلات والمعابد إلى جانب الرسوم والنقوش. واستخدموا الكتابة الهيروغليفية على أوراق البردي لتسجيل أحداث مهمة ونصوص مقدسة.

طوَّر المصريون القدماء أكثر من 700 رمز هيروغليفي ضمن نظام الكتابة بالرسوم. بعض تلك الرموز تعني أصواتًا، وبعضها يعبر عن مقاطع صوتية، ومنها ما يعبر عن كلمات.

ومثلما استخدم البشر في عصور ما قبل التاريخ أدوات من بيئتهم لإصدار أصوات وإشارات بهدف التواصل عبر قرون الحيوانات والقواقع البحرية أو ابتكار الأبواق الخشبية، عبَّر المصريون القدماء أيضًا عن حياتهم بواسطة الرسوم والمنحوتات المستمدة من بيئتهم المحيطة واستخدموها في كتابة نصوصهم، وكانت هذه النصوص تتضمن صور حيوانات وطيور وحشرات ونباتات وأدوات، ومنها تُستمد الدلالة على الأصوات والكلمات، وظلت معاني تلك الكتابات والنقوش مجهولة المعنى تمامًا لمئات السنين، إلى أن اكتُشف حجر رشيد.

ج. حجر رشيد

لوح من الصخر الغرانيتي اكتشف قرب مدينة رشيد في مصر عام 1799. نقش عليه نص واحد كتب باللغتين المصرية القديمة واليونانية، وتضمن ثلاثة أشكال من الكتابة هي: الهيروغليفية والديموطيقية واليونانية. والنص كناية عن مرسوم أصدره مجلس الكهنة في أثناء حكم بطليموس الخامس في القرن الثاني قبل الميلاد. وتمكن عالم المصريات الفرنسي جان فرانسوا شامبليون، من فك رموز الكتابة الهيروغليفية

بعد 23 عامًا من العثور على الحجر أي في عام 1822. وطوَّر شامبليون قاموسًا للغة الهيروغليفية، وكان نجاحه في فك رموز حجر رشيد خطوة أساسية لتفسير العديد من النصوص الخاصة بالحضارة المصرية القديمة.

وحجر رشيد غير منتظم الشكل يبلغ ارتفاعه 113 سم وعرضه 75 سم وسمكه 27.5 سم. وقد فُقدت أجزاء منه في أعلاه وأسفله. والحجر محفوظ حاليًّا في المتحف البريطاني.

د. اللغة

اللغة هي نظام من الرموز والعلامات والإيماءات تكون منطوقة أو مكتوبة أو بالإشارة، ويتمكن البشر عن طريقها من التعبير عن أنفسهم ونقل أفكارهم والتواصل مع الآخرين. بفضل تلك الرموز والعلامات والإيماءات يستطيع البشر إرسال واستقبال وتسجيل كم هائل من المعلومات، والتعبير عن مشاعرهم وعواطفهم وتوجهاتهم، ونقل أفكار مجردة، والتأثير في الآخرين.

هـ. الكتابة من النقش إلى الأبجدية

مع التقدم التدريجي الذي حققه البشر زاد احتياجهم إلى وسيلة أكثر تعقيدًا للتواصل لتلبي احتياجاتهم المتنامية. فتطورت الكتابة من الأنظمة المعتمدة على الصور والنقوش، لتصبح أنظمة تعتمد على الأبجدية (الحروف التي تعبر عن أصوات مختلفة).

تطورت اللغات لأن الناس احتاجوا إلى التواصل وتسجيل الوقائع والإحصائيات والأحداث المهمة. واحتاج البشر إلى التعبير عن أفكار مجردة أيضًا. ومع اتساع معرفتهم بعالمهم وازدياد كمية المعلومات، ابتكروا وسائل لحفظها. ففي الصين وبلاد سومر القديمة أي جنوب العراق حاليًا ومصر القديمة نشأت أول أنظمة مستقلة للكتابة، ونظم الكتابة هي وسيلة للتعبير عن اللغة صوتًا وشكلًا.

وقد نجح الإنسان في تسجيل المعارف ونقلها من جيل إلى جيل عبر تلك الوسيلة، وساعده ذلك على بناء الحضارة والابتكار. إن تطور اللغة والكتابة في كل ثقافة مستقلة يمكن أن يحكي قصة الحضارة الإنسانية نفسها.

إن الكلمات التي تقرؤها الآن هي رموز مكتوبة تعبر عن أشياء طبيعية أو مصنَّعة أو أفكار مجردة. وتتكون الكلمة من وحدات أصغر هي الحروف، والحروف هي رموز مكتوبة لأصوات متمايزة في اللغة العربية. ونحن نستخدم تلك الرموز منذ زمن بعيد للدلالة على المعنى، ونقل المعرفة وتنميتها، والتواصل اليومي.

فمثلًا حين تقرأ كلمة «شجرة» في الجملة التالية، تستحضر في ذهنك صورة شجرة حقيقية:

ساعدت أبي في زراعة شجرة أمام بيتنا.

لكنك حين تقرأ الجملة التالية ستجد أن كلمة «شجرة» تغير معناها وشكَّلت لديك صورة ذهنية مختلفة تمامًا:

يمكنني أن أتتبع شجرة عائلتي رجوعًا إلى القرن السابع عشر.

في الجملة الأولى ترمز كلمة «شجرة» لشيء ملموس حقيقي في عالمنا: نبات له جذع طويل وله فروع وأوراق وربما ثمار. أما في الجملة الثانية فقد أضيفت لكلمة شجرة كلمة أخرى هي «عائلة» لتكوين عبارة «شجرة العائلة» أيْ سلسلة النسب المتصلة لعائلة واحدة عبر أجيال متعاقبة. فهل لاحظت الفارق في المعنى بين الاستخدامين؟

لقد تمكن البشر إذًا من ابتكار رموز صوتية وكتابية للإشارة إلى الشجرة الحقيقية، وتمكنوا من استخدام الكلمة ذاتها استخدامًا مجازيًّا للإشارة إلى فكرة السلالة العائلية ونسب الأجداد. أي أنهم استخدموا الكلمة بمعناها الحقيقي حرفيًّا، ثم استعاروا من الشجرة صورتَها وأجزاءها، أيْ الجذور والجذع والفروع، وجعلوها تحل محل العلاقات العائلية المتشابكة. ويساعدك المجاز هنا على الانتقال من معنى إلى معنى جديد، فعائلتك لها «جذور» و«فروع» مثل الشجرة.

بهذا الأسلوب تمكن البشر من استيعاب العالم المادي والطبيعي بواسطة الرموز (الألفباء وتشكيل الكلمات)، وتمكنوا من التعبير عن مفاهيم مجردة كثيرة باستخدام بعض الكلمات استخدامًا مجازيًّا أيضًا.

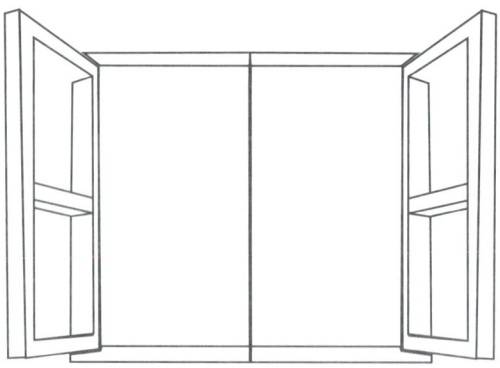

حاولْ أن تتخيل الآن القفزة الكبيرة التي حققها البشر عندما اخترعوا اللغة. وفكِّرْ في أمثلة لكلمات أخرى غير الشجرة تُستخدم بمعناها الحرفي الحقيقي وبمعناها المجازي.

ماذا عن كلمة «نافذة» على سبيل المثال؟ المعنى الحرفي للكلمة يرمز إلى شباك، ولكنها بالمعنى المجازي إذا أضفنا إليها كلمة «الأمل» تصبح «نافذة الأمل»، وهكذا نكون قد أعطيناها معنى آخر يدل على التفاؤل.

فكِّرْ بكلمات مثل «جسر»، و«شريان»، و«معركة» وغيرها، وابحث عن معناها الحرفي والمجازي.

و. لغة الجسد

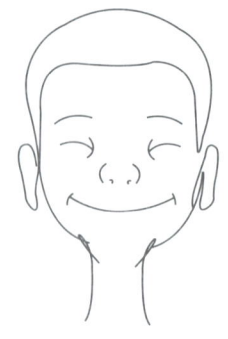

يحدث التواصل بين البشر إلى حد كبير عبر تعبيرات لفظية. فالكلمات إحدى أهم الأدوات المستخدمة في نقل المعاني بين البشر وتبادلها في تفاعلهم الاجتماعي اليومي.

لكن البشر لا يعتمدون على الكلمات فحسب، بل يلجؤون بوعي أو دون وعي إلى لغة الجسد في كثير من حواراتهم. فالتواصل غير اللفظي دون كلمات، له دور في التفاعل الاجتماعي لا يقل أهمية عن التواصل اللفظي. فتعبيرات الوجه وإيماءات الجسد ووضعية الجسد يمكنها أن تنقل رسائل ومشاعر واستجابات إلى جانب ما تنقله الكلمات أو حتى من دون الكلمات.

يتمكن الإنسان من الإيحاء بواسطة ردود أفعال متنوعة مثل التنهُّد أو الصراخ أو الضحك وبتعبيرات الوجه دون التلفظ بكلمات، وذلك للتعبير عن أحاسيس متنوعة مثل: الفرح، والتأفف، والغضب، والحزن، والسخرية، والسخط، والرضا، وغيرها.

ز. الإيماءات

يستخدم البشر مجموعة متنوعة من الحركات الجسدية الموحية، التي نسميها إيماءات جسدية، للتعبير عن مشاعر واستجابات متنوعة في مختلف المواقف الاجتماعية. قد تستخدم الإيماءات وحدها أو تضاف إلى كلمات. ويستخدم البشر من مختلف الثقافات الإيماءات في التواصل، فيبدو بعضها تلقائيًّا وشائعًا بين ثقافات عديدة مثل المصافحة والابتسام والعبوس والتأفف والتعجب،

وبعضها الآخر يكون خاصًّا بثقافات دون غيرها مثل الانحناء للتحية. ومن المثير للاهتمام أن نستعلم ونراقب ونطَّلع على ثقافات الشعوب المختلفة، كي ندرك الاختلاف في إيماءاتهم، ففعل بسيط مثل تأدية التحية يمكن أن يعبِّر عنه البشر بصور مختلفة ومنها الاحتضان، والتقبيل، والمصافحة، والانحناء، وحك الأنوف، وغير ذلك.

يستخدم البشر إيماءات جسدية مختلفة للدلالة على مواقف مختلفة أو مشاعر متباينة مثل النصر، والاحتفال، واللامبالاة، والرفض، والقبول، والدهشة، والتوقير والتبجيل، والاستياء، والرضا، والدعاء لله، وغيرها.

ح. الرموز التعبيرية (إيموجي)

مع شيوع استخدام الإنترنت وانتشار التواصل باستخدام الرسائل النصية عبر الهاتف المحمول، ابتكر المصممون صورًا إلكترونية لوجوه تعرض تعبيرات متنوعة، بالإضافة إلى صور لأشياء وحيوانات وغير ذلك. حازت تلك المبتكرات على قبول أعداد كبيرة من مستخدمي الأجهزة الإلكترونية ومواقع التواصل الاجتماعي، فاستخدموها في تواصلهم مع الآخرين إلى جانب الكلمات. وفي بعض الأحيان يستخدم بعض الأشخاص تلك الرموز وحدها لتكوين «جمل» كاملة.

هناك من يرى أن الإسراف في استخدام تلك الصور والاعتماد المفرط عليها في التواصل قد يهدد الكفاءة في استخدام اللغة ويضعف حصيلة الكلمات المتقنة ومستوى مهارات القراءة والكتابة، لا سيما بين الصغار والمراهقين. ويرى آخرون أن استخدام تلك الصور يعزز التواصل، ويوفر الوقت والجهد، ويساعد على تجنب سوء الفهم بين المتحدثين من خلف الشاشات، إذ إن تلك الرموز تحل محل الإيماءات وتعبيرات الوجه في التفاعل الاجتماعي المباشر.

....

هل ترى أن استخدام الرموز التعبيرية (إيموجي) سمةٌ مساعِدة ومتطورة عند التفاعل عن بعد عبر الإنترنت في المحادثات المكتوبة، أو تراها عودة إلى أسلوب قديم في التواصل يشبه اعتماد المصريين القدماء على الرسوم على سبيل المثال؟

....

ط. لغة الإشارة

يعتمد أغلب البشر في تفاعلهم الاجتماعي اليومي المباشِر وجهًا لوجه على المحادثات اللفظية أو يستخدمون الهواتف وبرامج المحادثة الصوتية عبر الإنترنت عند المحادثة عن بُعد. لكن بعض الناس يولدون وهم يعانون من فقدان حاسة السمع، فيواجهون تحديات في التفاعل اليومي بسبب ذلك. فهل تعرقلهم هذه الإعاقة تمامًا عن التواصل مع الآخرين؟

بالطبع لا، فالصم والبكم يستخدمون لغة الإشارة للتواصل فيما بينهم، ومع غير الصم والبكم أيضًا. وتتيح لغة الإشارة التواصل بين الناس عن طريق إيماءات جسدية، لا سيما باستخدام أيديهم وأذرعهم.

وهكذا عندما واجه الإنسان تحديات في التواصل ولم يتمكن من استخدام الكلمات المنطوقة، سعى إلى التغلب عليها بابتكار الإشارات المرئية المناسبة.

تحتفل منظمة الأمم المتحدة باليوم الدولي للغاتِ الإشارة في 23 سبتمبر من كل عام. ويوجد نحو 72 مليون شخص أصم في كل أنحاء العالم يستخدمون أكثر من 300 لغة إشارة مختلفة. وتوجد لغة إشارة دولية يستخدمها الصم في اللقاءات الدولية وفي ترحالهم وعند ممارسة أنشطتهم الاجتماعية. وتعدُّ تلك اللغة شكلًا مبسطًا من لغة الإشارة ومعجمها اللغوي محدود.

ي. علامات الترقيم

لم يكتفِ البشر بابتكار الأبجديات وتركيب الكلمات والجمل لتحقيق التواصل ونقل المعرفة، إنما أضافوا إلى الكتابة رموزًا خاصة أخرى لتوضيح المعاني المقصودة في الجمل والنبرة المستخدمة فيها. تساعدنا تلك الرموز الإضافية على تجنب الغموض واللَّبس. وهي رموز تظهر بين الكلمات ونسميها «علامات الترقيم»، ومنها:

/	()	...	:	!	،	«»	؛	؟	.
الشرطة المائلة	الأقواس	الحذف	النقطتان الرأسيتان	علامة التأثر	الفاصلة	علامتا التنصيص	الفاصلة المنقوطة	علامة الاستفهام	النقطة

فكِّرْ في تغير المعنى في الجملة التالية مع تغير علامات الترقيم:

1. قال لها إنه سيذهب في رحلة إلى اليابان؟

2. قال لها إنه سيذهب في رحلة إلى اليابان!

3. قال لها إنه سيذهب في رحلة إلى اليابان!

والجدير ذكره، أن المصحف الشريف يتضمن علامات تسمى «علامات الوقف». وتساعد تلك العلامات القارئ والمجوِّد على قطع الصوت في المكان المناسب لأخذ النفس واستكمال القراءة بعده. وتسهِّل للقارئ والمستمع على حد سواء فهم معاني الآيات أو أجزاء منها، لكونها رموزًا وإشارات تفصل بين الأفكار وتدل على مواضع التنغيم الصوتي لتحقيق إدراك المعنى. ونذكر هنا بعض علامات الوقف في القرآن الكريم:

- **(م) وتعني الوقف اللازم.**
- **(ج) وتعني الوقف الجائز.**
- **(صلى) وتعني أن الوصل أولى مع جواز الوقف.**
- **(قلى) وتعني أن الوقف أولى مع جواز الوصل.**
- **(لا) وتعني النهي عن الوقف.**
- **(س) وتعني الوقف اللطيف دون تنفس ثم مواصلة القراءة.**

وتظهر علامات الوقف في الآيات الكريمة التالية:

قال تعالى: ﴿وَإِن يَمۡسَسۡكَ ٱللَّهُ بِضُرّٖ فَلَا كَاشِفَ لَهُۥٓ إِلَّا هُوَۖ وَإِن يَمۡسَسۡكَ بِخَيۡرٖ فَهُوَ عَلَىٰ كُلِّ شَيۡءٖ قَدِيرٞ﴾. [الأنعام-17]

قال تعالى: ﴿قُل رَّبِّيٓ أَعۡلَمُ بِعِدَّتِهِم مَّا يَعۡلَمُهُمۡ إِلَّا قَلِيلٞۗ فَلَا تُمَارِ فِيهِمۡ﴾. [الكهف-22]

ك. الرموز الرياضية والأرقام

الأرقام رموزًا كانت أو مكتوبة بالكلمات طورها البشر لتسجيل الكميات والمقادير المحددة، واستخدموها في الإحصاء والمعاملات التجارية وغيرها من الأنشطة والاستخدامات العملية. وقد طورت حضارات عديدة رموزها الخاصة التي تعبر عن الأرقام. ويوضح الجدول التالي الصورة التي ظهرت عليها الأرقام في بعض الحضارات القديمة، إلى جانب الأرقام العربية المعمول بها على نطاق واسع اليوم.

	10	9	8	7	6	5	4	3	2	1
الأرقام العربية										
أرقام حضارة المايا	 ═	▰▰▰▰	▰▰▰	▰▰	▰	─	••••	•••	••	•
الأرقام الصينية القديمة	十	九	八	七	六	五	四	三	二	一
الأرقام الرومانية	X		VIII	VII	VI	V	IIII	III	II	I
الأرقام المصرية القديمة	∩	|||| |||||	|||| ||||	|||| |||	|||| ||	||||		||||	|||	||		
الأرقام البابلية	 ◁	𒐝	𒐞	𒐟	𒐡	𒐙	𒐘	𒐗	𒐖	𒐕

وطور البشر رموزًا أخرى للعمليات الحسابية: الجمع والطرح والقسمة والضرب (+ - ÷ ×) وغيرها من رموز متعددة المعاني (> < = % &). ولا يتمكن الطالب الذي يدرس مادة الرياضيات أن يفهم ما يرد في كتابه من دون أن يعرف تلك الرموز ودلالاتها.

ل. الرسوم البيانية

الرسوم البيانية هي صور وتصميمات وأشكال لعرض البيانات والإحصائيات. تساعدنا تلك الرسوم على عرض الإحصائيات والبيانات بطريقة يسهل استيعابها في وقت قصير. إذ إنها بمثابة «ملخَّص مصوَّر» لتقرير مليء بالمعلومات والتفاصيل والكلمات. ولعلك رأيت رسومًا بيانية -في صحيفة أو في موقع إلكتروني أو في كتاب- تعرض بعض الإحصائيات والبيانات الخاصة بتعداد السكان وتوزيعهم في بلد ما أو الإنتاج المحلي من الزراعة والصناعة، أو عدد المصابين بفيروس كوفيد-19- والمتوفين بسببه خلال شهر، أو تعداد المقيمين في بلدك من جنسيات أجنبية، أو عدد الوفيات والمواليد خلال في سنوات عديدة، أو غير ذلك.

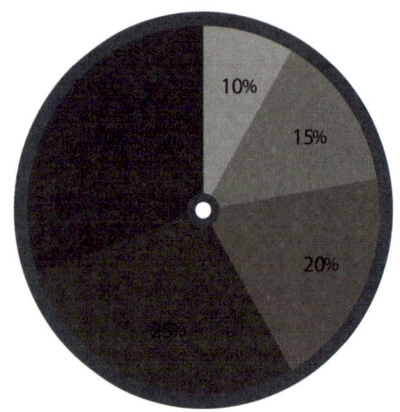

تستخدم الرسوم البيانية في تبسيط المعلومات والبيانات وشرح الاختلافات بين العناصر المبينة فيها. ويمكن أن تكون مرجعًا سريعًا تطلع عليه للإحاطة بالبيانات.

م. التواصل عند الحيوان

التواصل عبر الرموز والإشارات والعلامات لا يقتصر على البشر وحسب، إنما تستطيع الحيوانات والطيور والحشرات أن تتواصل بالإشارات أيضًا. وتتنوع أغراض التواصل عند الحيوانات فتستخدم الإشارات للتنسيق فيما بينها عند البحث عن الطعام، وجذب الوليف، وتحذير الآخرين من الخطر، والتنسيق للهجوم. وتتواصل الحيوانات والطيور وغيرها بأساليب متنوعة، منها إرسال إشارات صوتية ومرئية وكيميائية (إفراز الفيرومونات)، وعبر لغة الجسد، وباللمس، وبالرائحة.

ويستخدم الحيوان حواسه للتحرك في بيئته وللصيد وللنجاة وتحديد منطقته وفرض سيطرته.

سواء كنا نتكلم عن الحيتان أو الكلاب أو القطط أو العصافير أو الزرافات أو الفيلة أو الثعابين أو النمل أو النحل بل حتى الجراثيم، فنحن أمام أنواع تُحسِن التواصل ونقل الرسائل بطرق متنوعة لأغراض مختلفة. ولا تتواصل الحيوانات بإرسال إشارات إلى أصدقائها فحسب، إنما ترسل إشارات إلى أعدائها أيضًا. وتغير بعض الحيوانات ألوانها وأحجامها للتخفي أو لإخافة الأعداء أو لجذب الشريك. وبعض الحيوانات تتظاهر بالموت كي تخدع أعداءها.

4

العلامات المرئية

تتيح البيئة الطبيعية للإنسان علامات متنوعة وصورًا مختلفة تدل على التغيرات الحاصلة. وبفضل الملاحظة الدائمة على مدى فترات زمنية ممتدة، استطاع الإنسان أن يصل إلى استنتاجات بشأن بيئته المحيطة. انتبه أسلافنا إلى التغيرات في المناخ، وتعاقب الفصول، وعلامات تحلل الكائنات الحية وموتها، وعلامات النمو والازدهار في الطبيعة، وتعاقب الليل والنهار. وتعلم أسلافنا حقائق كثيرة وتوصلوا إلى استنتاجات عديدة، ونظموا حياتهم وأنشطتهم بناءً على الأنماط المتكررة لتلك العلامات الطبيعية والتغيرات التي تحدث حولهم.

أ. الظواهر الفلكية

انتبه البشر منذ زمن بعيد إلى الظواهر الفلكية، واستغلوا إدراكهم لما يحدث من تغير في أوجه القمر وحركة الشمس وتعاقب الفصول المناخية (دوران القمر حول الأرض، ودوران الأرض حول الشمس، ودوران الأرض حول نفسها)، وعدُّوا تلك الظواهر علامات يمكنهم عن طريقها تحديد الوقت. فابتكرت الحضارات المختلفة التقويمين القمري والشمسي. بعضها وجد العلامات في أطوار القمر، أي ظهوره واكتماله ثم تناقصه (وهكذا صار لدينا الشهر القمري). وحدد الإنسان اليوم الواحد بتقسيمه إلى فجر وصبح وضحى وأصيل وغروب ومساء، وحدد اليوم بأربع وعشرين ساعة. وحدد السنة الشمسية ومدتها 365 يومًا وربع اليوم. وهكذا، أفضت ملاحظة الظواهر الطبيعية إلى اكتشافات وابتكارات مهمة يستخدمها البشر بوصفها علاماتٍ طبيعية لتقسيم الوقت.

والتقويم هو نظام معتمد لتقسيم الوقت إلى أيام وأسابيع وشهور وسنين. ويكون التقويم هجريًا إذا اعتمد على حركة القمر ويُسمى ميلاديًا لاعتماده على حركة الشمس.

كان السومريون أول من وضعوا نظامًا للتقويم. فقد قسموا السنة إلى 12 قسمًا حسب حركة القمر. وتجدر الإشارة إلى أن الحضارات المتعاقبة وضعت لنفسها تقاويم لتنظم حياتها تبعًا للأوقات والفترات الزمنية المحددة، ومنها التقويم المصري القديم، وتقويم حضارة المايا، والتقويم الصيني، والتقويم الفارسي، وغيرها كثير.

ب. المنارات

يرجع وجود أقدم المنارات البحرية إلى مصر القديمة. ففي القرن الثالث قبل الميلاد شيدت منارة في جزيرة فاروس في الإسكندرية، وعرفت باسم منارة الإسكندرية. وتمكن البحارة في عرض البحر من تمييز شكل المنارة ولونها من مسافة بعيدة. فالملاحون يستعينون بنمط الإضاءة المنبعثة من المنارة، سواء الإشارات الضوئية المستمرة أو المتقطعة، لتوجيه سفنهم.

والمنارة البحرية برج يقام على شاطئ البحر وتنبعث منها أضواء قوية بغرض توجيه السفن أو تحذيرها، باستخدام النار أو المصابيح أو الكشافات أو العدسات.

كان للمنارات في العالم القديم وحتى القرن العشرين دور مهم لكونها مصدر إشارات للملاحين والسفن، لكن أهميتها تضاءلت في الوقت الحالي بفضل التطور الذي شهدته أنظمة الإبحار الإلكترونية الحديثة. ومع ذلك، فما تزال للمنارات ميزة بارزة، إذ تستغل كوسيلة احتياطية لإصدار الإشارات للسفن متى تعطلت أنظمة الإبحار التكنولوجية الحديثة. وتستخدم الإشارات الصوتية هي الأخرى لكونها وسيلة تحذير تكميلية في المنارات: مثل المدافع والأجراس.

ج. الخرائط

الخريطة هي صورة لكوكب الأرض أو لجزء منه، نستخدمها لنعرف المواقع التقريبية للأماكن والاتجاهات التي نسلكها. فالخريطة قد تصف مدينة أو دولة أو قارة أو العالم بأكمله. والكتاب الذي يضم الخرائط يسمى الأطلس. ويمكن أن تمتلئ الخريطة الواحدة لمدينة صغيرة بمئات العلامات.

كيف تقرأ خريطة عبر محرك البحث «غوغل»؟

في الخرائط الموجودة عبر «غوغل» تجد علامات لها دلالاتها مثل:

شوكة وسكين وفنجان (مطعم ومقهى)، حرف M (قطار أنفاق)، مسجد، صليب أو هلال (مستشفى/صيدلية)، طائرة (مطار)، قطار/ حافلة (محطة لوسائل النقل العام)، قبعة تخرُّج، كيس تسوق (سوق تجاري)، كتاب.

د. أيقونات الكمبيوتر

الأيقونات هي صور صغيرة تُظهرها لنا شاشات الكمبيوتر (اللابتوب/الأجهزة اللوحية) أو الهاتف المحمول أو التلفزيون. وتمكِّن المستخدم من تشغيل وظائف الجهاز والتنقل بينها. وابتكر مطورو التطبيقات الإلكترونية والبرمجيات عددًا كبيرًا من تلك الصور المعبر سهلة الاستخدام التي ترمز إلى وظائف متنوعة وبرامج متعددة.

هـ. الأعلام

العَلَم هو قطعةُ قماش لها تصميم مميز، ويرمز إلى بلد بعينه أو إلى منظمة أو مجموعة. وعرفت الحضارات القديمة الأعلام، فقد استخدم المصريون القدماء والآشوريون والصينيون القدامى الأعلامَ بأشكال مختلفة. ولا يقتصر استخدام الأعلام على البرِّ فقط بل يستخدمها الملاحون في البحر أيضًا، وتُرفع الأعلام في أوقات السلم وفي المواكب والاحتفالات والأعياد، وترفعها الفرق الرياضية والفنية عند تمثيل بلدانها في الخارج، ويغرسها الرياضيون أصحاب الإنجازات الخارقة عند تحقيق انتصار ما مثل تسلقهم أعلى قمة في العالم أو الوصول إلى أقصى نقطة في أحد القطبين المتجمدين.

وتُستخدم أعلام الدول في الحروب بوصفها رموزًا لتأكيد السيطرة العسكرية على منطقة ما. وقد تكون الأعلام رمزًا للتحرر وقد ترمز للاحتلال وفي هذه الحالة ينكس علم العدو ويمزَّق، بينما يُرفع علم الدولة المنتصرة.

وتكثر أنواع الأعلام، وليس بالضرورة أن تكون رمزًا للدولة، بل تتخذ الفرق والمنظمات والنوادي أعلامًا ترمز لها. وترفرف الأعلام لإظهار الولاء لقائد أو لبلد أو لفكرة ما أو لفريق كرة قدم أو لحزب سياسي.

تتكون الأعلام الوطنية من لون واحد أو أكثر، وعادة ما تحمل رموزًا و/أو كتابة. فاللون والرمز و/أو الكتابة يشكلون علامة مميزة ومعبِّرة عن أفكار معينة أو تشير إلى لحظات/رموز مهمة في تاريخ تلك الأمة. قد يكون الرمز نجمة أو نجومًا عديدة أو شمسًا أو هلالًا أو صليبًا أو نباتًا أو حيوانًا.

ويتضح من أشكال الأعلام المتفرقة أن أعلام المملكة العربية السعودية وإيران والعراق تحمل كتابة. في حين يحمل علما كندا ولبنان رسومًا لنبات وشجرة. وتحمل أعلام دول أوروبية عديدة علامة الصليب بينما نرى في أعلام بعض الدول المسلمة علامة الهلال. ويظهر إلى يمين علم سريلانكا أسد شاهرًا سيفه ويتوسط العلم المصري رسم نسر.

ولا ترمز الأعلام الوطنية إلى البلدان فحسب، بل يعدُّها أهل البلد محل فخرهم واعتزازهم القومي ولا يقبلون إهانتها.

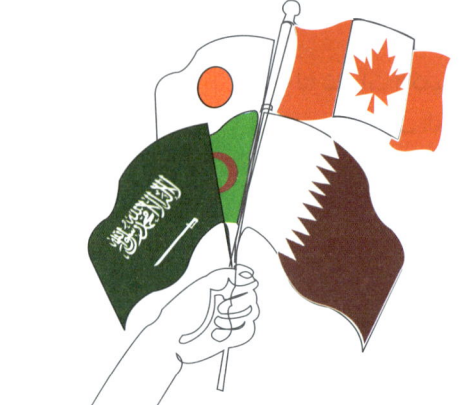

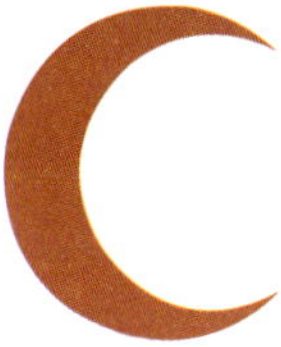

أما شارات المنظمات فتعبر عن أفكار الكيانات التي تمثلها. فشارة منظمة الأمم المتحدة للطفولة (يونيسيف) مثلًا تتكون من أربعة عناصر هي: صورة أم وطفل وكرة أرضية وغصنا زيتون واسم المنظمة. أما شارة الحركة الدولية للصليب الأحمر والهلال الأحمر فتحمل اسم الحركة الدولية وعلامتي الهلال والصليب.

و. الرموز الوطنية

ليست الأعلام وحدها رموزًا وطنية تعتز بها الشعوب، فكثير من الأمم تجد مصدر فخر كبير لها في تماثيل أو أبراج أو كاتدرائيات أو مساجد أو مكتبات أو معالم طبيعية على أراضيها وتعدها رموزًا وطنية لها. ويقصد ملايين السائحين حول العالم تلك المعالم والرموز الوطنية لزيارتها والتعرف إليها والتقاط صور لأنفسهم في تلك الأماكن.

وينتهز الصناع فرصة هذا الرواج السياحي للمعالم الطبيعية والآثار والمواقع السياحية فيصنعون تذكارات تمثل الرموز الوطنية. ويحب السائحون جمع وشراء تلك التذكارات للمدن والآثار والمعالم.

وعندما يشرع المعماريون أو النحاتون في تصميم مبنى أو هيكل أو تمثال فإنهم يجدون عادة مصدر الإلهام في تاريخ الأمة أو الأساطير أو الأدب وغير ذلك. ولا يفكر المعماري أو النحات في حجم المبنى أو التمثال ومواد التشييد والغرض العملي من البناء فحسب، بل يفكر أيضًا بما يوحيه من معنى رمزي يعبر عنه. وهكذا يشيد المعماريون مباني وهياكل ترمز لأفكار معينة وتوحي برسائل ومفاهيم محددة لمن يراها.

تأسست مكتبة الإسكندرية الحديثة عام 2002، ويمثل شعارها الشمس عند الشروق. واعتاد البشر في كل الحضارات تقريبًا الربط بين الشمس والمعرفة أو التعلم أو اتساع المدارك. فالكتاب والمكتبة يتساويان مجازًا مع الشمس، بما يجلبانه على البشرية من نور وسعة معرفة. ويكسو الجدران الخارجية للمكتبة حجر الغرانيت، وقد نقشت عليها علامات وأحرف أبجدية مأخوذة من نحو 120 لغة. وتلك الرموز اللغوية المتنوعة تمثل المعرفة والتقدم الإنساني والتعاون المثمر بين الحضارات المختلفة على مر الزمان. وهكذا جمع معمار المكتبة بين المعنى المجازي لظاهرة طبيعية (شروق الشمس)، والمعنى المجازي لظاهرة اجتماعية (اللغة)، والمعنى المجازي لاختلاف الحضارات والمصير الإنساني الواحد (تنوع اللغات وما تنتجه من فكر، وتبادل المعرفة بين الثقافات المختلفة).

ربما يوحي تصميم المساجد والكاتدرائيات على هيئة قباب بمنظر السماء. وربما ترمز منارات المساجد وأبراج الكنائس إلى طموح الإنسان للتسامي والارتقاء الروحي والأخلاقي والاتصال بالخالق.

ز. رموز القوة والسلطة السياسية

أدرك الحكام في جميع المجتمعات منذ زمن بعيد قوة تأثير الرموز في تثبيت سيادتهم وحكمهم وسلطتهم على الرعية. ففي القبائل أو الممالك استغل الحكام والقادة بعض الرموز واستفادوا من ربطها بأنفسهم وبشرعية سلطتهم. فاستخدم الحكام العرش والتاج والصولجان ومراسم التتويج التي تمتلئ بالفخامة والأبهة لتأكيد سلطتهم وسيادتهم على شعوبهم.

ح. الملابس الرسمية

للعديد من الوظائف زي مميز، فزي الطبيبة يختلف عن زي الممرضة، ويختلف زي رجل الإطفاء عن زي حارس الأمن. ويستخدم الأفراد في وظائف عديدة بطاقات هوية وشارات خاصة تيسر لهم عملهم وتسهِّل على من يطلب منهم الخدمة أو المساعدة التعرف عليهم.

وكي يثبت ضباط الشرطة سلطتهم بحكم القانون فإنهم يرتدون زيًّا مميزًا بلونه وتصميمه وبالنجوم المثبتة على الأكتاف، ويحملون شارات صغيرة بحجم الكف مصنوعة من المعدن أو البلاستيك ولها تصميم خاص يوضح أنهم أفراد من قوات تنفيذ القانون. ويكون لزامًا على المحققين والحراس والضباط التعريف بهوياتهم حتى يبينوا للمواطنين دورهم ومدى سلطتهم وصلاحياتهم في تفتيش الأماكن والمركبات واحتجاز المتهمين وغير ذلك، مما يحفظ النظام ويضمن تطبيق القانون ويساعد على تحقيق العدالة.

ويرتدي الأفراد شارة الذراع كي يظهروا رتبتهم الرسمية أو انتماءهم إلى مجموعة بعينها. وبعض

الناس يرتدون شارات الذراع السوداء لإعلان الحداد وإظهار حزنهم على وفاة صديق أو زميل أو قريب. ويرتدي قائد فريق كرة القدم شارة ذراع هو الآخر. ويضع أفراد الطاقم الطبي في الحروب شارة ذراع عليها علامة الصليب الأحمر أو الهلال الأحمر لتمييز أنفسهم عن المقاتلين، والإشارة إلى أنهم مسعفون ولا يشاركون في القتال ويقتصر عملهم على إغاثة الجرحى. وتوضع العلامة المميَّزة للهلال الأحمر أو الصليب الأحمر على المركبات الطبية في الحروب للتأكيد على حمايتها المشروطة. ولو لم يتفق البشر على معنى بعض العلامات لحدثت فوضى ووقعت أضرار كبيرة.

....

أفراد الطواقم الطبية في الجيوش محميون بموجب اتفاقيات جنيف التي تنظم سير الحرب. ويجب عدم استهداف تلك الطواقم الطبية أو الاعتداء عليها، وعدم الاعتداء على المركبات الطبية التي تستخدم في إسعاف والجرحى ونقل القتلى. ويجب عدم استخدام تلك الشارات والعلامات إلا للغرض المخصص لها، فالقانون يحظر استخدامها في غير وظيفتها المحددة. ومن المؤكد أن التزام الأطراف المتحاربة بحماية الطواقم الطبية يحقق المنفعة ويخفف من ويلات الحرب.

....

ط. الإعلام في أوقات الطوارئ

في أوقات الطوارئ على السلطات الحكومية والمنظمات أن تبعث إلى المواطنين على وجه السرعة رسائل محددة وواضحة وفعالة. ومن الوسائل المهمة والمؤثرة التي تلجأ إليها السلطات الصور والعبارات القصيرة التي يسهل على الجميع استيعابها. وينجذب البشر إلى الصورة أكثر من الكلمات، لذا تحرص السلطات على نقل الرسائل المهمة بالصور وبأقل قدر ممكن من الكلمات بدلًا من المعلومات الكثيرة المعقدة، فتدعو المواطنين إلى اتخاذ خطوات محددة أو فعل أشياء بعينها في أوقات الطوارئ.

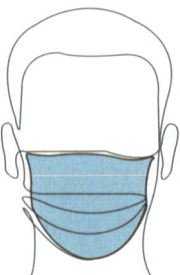

بعد إعلان فيروس كوفيد-19 جائحةً عالمية، سارعت الحكومات في أنحاء العالم وكذلك منظمة الصحة العالمية ووزارات الصحة بإعداد ونشر مواد توعوية ونشرها في جميع وسائل الإعلام (التلفزيون، والإنترنت، والإذاعة، والصحف، والملصقات) لتحذير الناس من خطر الإصابة بالفيروس، وطرق انتقال العدوى، ووسائل الوقاية، والسلوكيات الصحية السليمة، وأماكن طلب المساعدة، وطرق التعامل مع المصابين. استخدمت في ذلك الفيديوهات القصيرة ورسوم الكاريكاتير والملصقات لنشر المعلومات الصحيحة بشأن الفيروس وتصحيح المعلومات المغلوطة. ونشرت المعلومات حول تعاطي اللقاحات بعد اختراعها. وانتشرت هذه الملصقات الإرشادية عبر الإنترنت وفي مقار الشركات والهيئات الحكومية وداخل وسائل النقل العام. فإن نقل الرسائل الصحيحة بطرق فعالة في الوقت المناسب يساعد على تقليل الإصابات والوفيات.

ك. العلامات على الطرق وفي المباني

من أجل المحافظة على سلامتنا على الطرق والحيلولة دون وقوع الحوادث وتيسير الانسياب المروري، يلزمنا وجود لافتات تحدد السرعة المقررة للمركبات المختلفة كي يلتزم بها السائقون ويمتنعوا عن تجاوزها. وعند تقاطعات الطرق يحتاج السائقون إلى لافتات تنبههم وتحذرهم كي يخفضوا السرعة تجنبًا للتصادم والحوادث. أي أن تيسير حركة المرور يتطلب إيجاد حلول لكل أنواع المشكلات المحتملة في الطرق، وتلبية احتياجات البشر الوقائية عند تنقلهم. وقد وجد الناس الحلول عبر استخدام اللافتات الإرشادية والتحذيرية، بالإضافة إلى إشارات المرور الضوئية. تستخدم لافتات الطرق عددًا متنوعًا من الصور والألوان والأشكال والكلمات لتوعية المشاة والسائقين وتوجيههم وتحذيرهم. وتتضمن لافتات الطرق علامات على الخدمات المتاحة مثل: أكشاك الهواتف العامة، ومحطات الوقود، ومراكز الإسعاف والمستشفيات، وأماكن وقوف السيارات، والمراحيض العامة.

ونجد اللافتات داخل المباني، ففي المؤسسات العامة مثل المراكز الطبية والمستشفيات والفنادق والمتاجر الكبرى ومحطات قطارات الأنفاق والمطارات وغيرها، نرى لافتات تؤدي إحدى الوظيفتين: إما الإرشاد والتوجيه أو التحذير من الخطر.

هل لاحظتَ علامات مميزة على صناديق الكهرباء، وفي مواقع الحفر وإنشاء الجسور والطرق والمباني، وغرف التخلص من النفايات الطبية في المستشفيات، وغرف أقسام الأشعة وغير ذلك؟

لافتات تحذيرية وإرشادية

العلامات لغة أي إنها طريقة للتواصل مع شخص أو مجموعة أشخاص بصورة فعالة وسريعة. فمثلًا إذا أرادت شركة أن تشحن صندوقًا من الكرتون يحوي بعض الأكواب الزجاجية والأطباق الخزفية أو أجهزة إلكترونية من بلد إلى بلد آخر، فيجب أن يكتب على الصندوق عبارة «قابل للكسر» باللغة التي يفهمها أهل البلد المُرسل إليه. ويجب أن توضع علامة، حتى ينتبه الحمَّالون في أثناء حملهم للصندوق فينقلوه بحرص. وحتى لو لم يتمكن الشخص من قراءة الكلمات، فبإمكانه أن يفهم من صورة الكأس أن ما بداخل الصندوق مواد هشة قابلة للكسر. وتوضع على بعض صناديق الشحن علامة مظلة للتأكد من عدم تعرضها للرطوبة لأنها تحوي مواد غير مقاومة للماء.

وتحرص الشركات التجارية على تثبيت ملصق إرشادي على المنتجات قيد الشحن أو النقل، فسواء اشتريت جهاز تلفزيون أو هاتفًا محمولًا أو علبة دواء أو لعبة أو ملابس أو مواد قابلة للاشتعال... إلخ، ستجد ملصقًا يرشدك إلى الاستخدام الصحيح، ويجنِّبك الخطر المحتمل عند استخدامه ويحول دون إتلافه.

وتحرص المنظمات الإنسانية مثل اللجنة الدولية للصليب الأحمر ومنظمة «يونيسيف» على تقديم دورات توعية للأطفال لتحذيرهم من خطر الألغام والمتفجرات رالتي تبقى في الأرض بعد انتهاء الحروب، وتشرح لهم طرق الوقاية منها.

معنى هذا أننا، بانتباهنا إلى العلامات واللافتات وفهمنا لدلالاتها، يمكن أن:

- نتجنب الخسائر، فلا ينكسر شيء أو يفسد.
- نتَّقي الأخطار فلا نصيب أنفسنا بأذى، ولا نسبب أذى أو ضررًا للآخرين.
- نهتدي إلى الاستخدام الصحيح والسليم للأشياء (نستفيد من الأشياء والموارد المتاحة على أفضل صورة).

5

علامات تجارية وعلامات إنسانية

أ. المؤسسات التجارية

تستغل الشركات التجارية مثل شركات الطيران والأغذية وغيرها، انتشار لعبة كرة القدم (ورياضات أخرى) على مستوى العالم، فتستغل شهرة اللاعبين واللاعبات لعرض علاماتها التجارية على قمصانهم. تتعاقد تلك الشركات التجارية مع الأندية الرياضية وتدفع أموالًا طائلة مقابل ظهور شعاراتها وعلاماتها التجارية المميَّزة على قمصان اللاعبين. فهم يفعلون ذلك حتى تحقق منتجاتهم الانتشار والقبول بين الناس فيشترونها. وبالتأكيد تحقق تلك الشركات أرباحها من وراء «الإعلانات المتحركة في أرض الملعب».

وكلما تسنح للمستثمر الفرصة كي يحقق أرباحًا، يبادر هو إلى اغتنامها عن طريق التواصل مع المستهلكين بواسطة العلامات التجارية التي تميز منتجاته وخدماته عن غيرها.

ب. المؤسسات الإنسانية

الطريقة نفسها تتبعها منظمة يونيسيف لا لخدمة أغراض تجارية إنما لأهداف إنسانية، أي أنها لا تقصد من ورائها تحقيق ربح مادي مثلما تفعل الشركات التجارية. فمنظمة يونيسيف تساعد الحكومات على تحسين مستوى صحة الأطفال والأمهات وتدعم برامج التعليم وتحسين جودته. واتفقت المنظمة مع نادي برشلونة لكرة القدم على طباعة شعارها المميَّز على قمصان لاعبي الفريق للتعريف بأهدافها الإنسانية وتنبيه جماهير عريضة حول العالم إلى أهمية رعاية صحة الطفل والأم والارتقاء بالتعليم.

وبالمثل، كلما ظهرت للمهتمين بالعمل الإنساني إمكانية توفير حياة أفضل والدعوة إلى حماية حقوق الإنسان والارتقاء بمستوى عيشه، بذلوا جهدًا لجعلها حقيقة عن طريق التواصل مع الناس باستخدام علامات وإشارات مميزة. وهناك منظمات إنسانية عديدة تقدم خدمات للمحتاجين في مجالات محددة. ولكل منظمة شعارها المميز الذي يبين أهدافها ووظيفتها.

وليست ملابس اللاعبين وحدها التي تحمل علامات تجارية وغير تجارية، بل المركبات العامة ووسائل النقل والمواصلات أيضًا.

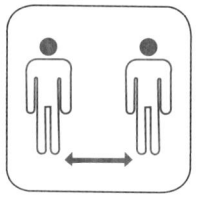

هل لاحظت الإعلانات التجارية والمبادرات الإنسانية المطبوعة على حافلات النقل العام وقطارات الأنفاق في مدينتك؟

قد تتفق شركة خدمات إنترنت أو شركة أغذية ومشروبات مثلًا مع شركة مسؤولة عن تسيير قطارات الأنفاق على طباعة إعلاناتها على عربات القطار. وقد تقرر هيئة النقل العام المسؤولة عن تسيير حافلات النقل العام طباعة إعلان لتوعية المواطنين بضرورة الحفاظ على المياه وترشيد استهلاكها على سبيل المثال، أو تدشين حملة جماهيرية للتوعية بشأن تقبل اللاجئين، أو الحفاظ على المناطق الأثرية، أو التوعية بخصوص وسائل الوقاية من وباء ما.

سواء كنت في بيتك أو في الشارع يمكنك أن تعدد بسهولة عشرات العلامات التجارية التي تحملها منتجات مختلفة: فالكتاب الذي تقرأه الآن يحمل علامة تجارية مميَّزة، وكذلك شاشة التلفزيون وآلة الطباعة والهاتف المحمول والسيارات والخلاط الكهربي ... وغيرها. إن كل منتج يحمل علامة تجارية ذات تصميم مميَّز.

> العلامة التجارية تصميم مرئي متميز يستخدمه الصانعون ومقدمو الخدمات لتمييز منتجاتهم عن غيرها من السلع والخدمات المماثلة. ويحمي القانون العلامات التجارية المسجلة باسم مالكيها لحماية حقوقهم وحماية المستهلكين ومنع الغش.

يوجد حولنا في كل مكان عدد متنوع من المنتجات والخدمات، وعلى قدر تنوعها تختلف أشكال علاماتها التجارية. قد تكون العلامة التجارية كلمة واحدة أو مجموعة كلمات، أو حروفًا تختصر مجموعة كلمات، أو أسماء أشخاص، أو أشكالًا ورسومًا كشكل هندسي أو رسم حيوان أو طير، أو مزيجًا بين الكلمات والأشكال أو الكلمات والصور.

تلك العلامات المميزة مفيدة لكل من المستهلك والصانع ومقدِّم الخدمة. فالمستهلك يحتاج إلى التأكد من أنه يحظى بخدمة مُرضية ومنتج سليم ذي جودة، فلا يتعرض للغش والتزوير. والصانع/مقدِّم الخدمة يرغب في طمأنة المستهلك بأن كل منتج يحمل علامته هو منتج جيد ومضمون وموثوق. والعلامة المميزة وسيلة سهلة للتواصل بين المنتج والمستهلك.

6

العلامات: احتياجات وتحديات

لعلك لاحظت مما سبق أن الإنسان ابتكر أعدادًا لا تحصى من العلامات والإشارات في كل مجال من مجالات حياتنا، وأنشأ بواسطتها عالمًا شديد التنوع والتعقيد. وصُمِّمت تلك العلامات كي تلبي احتياجات معينة عند الإنسان وتحل مشكلاته، أو تساعده على مواجهة تحديات مختلفة، أو تيسِّر له اغتنام الفرص التجارية.

إن حاجة الإنسان إلى التواصل مع الآخرين وتبادل أفكاره ومشاعره معهم دفعته إلى ابتكار اللغة وجعل التواصل بالكلمة المنطوقة، ثم حوَّل الإنسان المنطوق إلى مكتوب فابتكر علامات (حروف) تعبر عن الأصوات ومنها كوَّن الكلمات. وما كان للبشرية أن تحقق هذا التقدم المذهل في شتى المعارف إلا بتدوين المعرفة والمعلومات كخطوة أساسية ونقلها من جيل إلى جيل. وابتكر البشر الأرقام والرموز الرياضية كي تخدمهم في العمليات الحسابية والتجارية، فأفادتهم في قياس المسافات والأطوال والأعماق وحساب الأوزان، ما مكَّنهم من اختراع أدوات تكنولوجية دقيقة لا حصر لها، بعد أن نجحوا في تشييد الجسور وبناء السدود واختراع مركبات أرضية وجوية وفضائية.

وعندما واجه بعض البشر إعاقة في السمع و/أو النطق لجؤوا إلى ابتكار لغة الإشارة بالأيدي والأذرع حتى يتواصل الصم والبكم بعضهم مع بعض، ومع غيرهم. ولكن لغة الإشارة هذه لغة مرئية، فماذا لو كان الشخص كفيفًا واحتاج إلى قراءة كتاب بنفسه؟ كان ذلك تحديًا كبيرًا وقد ابتكر له الإنسان حلًّا.

أ. طريقة برايل

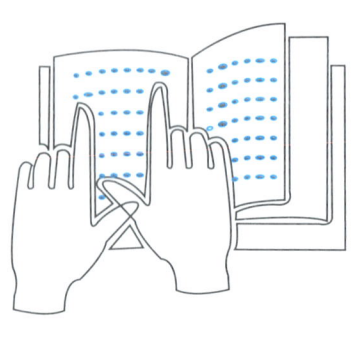

يولد بعض الناس وهم فاقدو حاسة الإبصار، أو يعانون من ضعف شديد في البصر. فهل تعرقلهم هذه الإعاقة عن القراءة والتعلم؟

بالطبع لا، بل يلجأ المكفوفون وضعاف البصر إلى طريقة لغة برايل في قراءة النصوص عن طريق تمرير أصابعهم على النصوص المطبوعة بطريقة نافرة خاصة. تطبع النقاط بارزةً على الورق فيتمكن المكفوفون من قراءة النصوص عن طريق حاسة اللمس. مع العلم بأن هذه الطريقة غير متوافرة لكل من يحتاجها في كل أنحاء العالم والذين تقدر أعدادهم بعشرات الملايين.

وفي الوقت الحالي، صار بالإمكان الاستفادة من مشروعات الكتب الصوتية المنتشرة في أنحاء العالم بلغات عديدة، ولكنها طريقة لا تغنيهم عن القراءة.

وحين واجه لويس برايل مشكلة فقدانه للبصر، لم يتمكن من قراءة الكلمات المطبوعة في الكتب العادية، وسعى إلى حلها بابتكار علامات ورموز بارزة تقرأ باللمس، فمن هو لويس برايل؟

لويس برايل (1809 – 1852)، معلم فرنسي فقد الإبصار مع بلوغه عامه الثالث في حادث وقع له في ورشة والده. تضررت إحدى عينيه ضررًا بالغًا وعجز الطب عن علاجها، وانتقل الضرر إلى عينه الأخرى ما أفقده البصر نهائيًا وهو في الخامسة. تلقى برايل الدعم من أسرته ومدرسته وكان متفوقًا بين أقرانه رغم صعوبة التعلم. ومع انتقاله إلى معهد للمكفوفين في باريس بدأ يفكر في حل لمشكلته. وتمكن وهو في الخامسة عشرة من ابتكار نظام القراءة والكتابة المعروف باسمه. ونُشر أول كتاب بنظام كتابة برايل عام 1829 أي بعد عامين من وفاته، فقد كانت حالته الصحية سيئة، وفارق الحياة وهو بعمر 43 عامًا. ولا شك أن هذه الطريقة تساعد ملايين المكفوفين وضعاف البصر على القراءة والتعلم في يومنا هذا. وحدَّدت الأمم المتحدة يومًا عالميًا للغة برايل في 4 يناير من كل عام.

ب. شارة الصليب الأحمر والهلال الأحمر

هل فكرت يومًا في احتياجات الجنود الجرحى في أرض المعركة؟

الحرب قاسية ومدمرة، ويا ليت البشر يعيشون دومًا في سلام، ولكن الحروب حقيقة واقعة في عالمنا، والمتحاربون يعلمون أن الجرحى يسقطون ويعجزون عن مواصلة القتال، لذا كان لا بد من وجود قواعد تحكم التعامل معهم. هذه مشكلة عايشها عن قرب التاجر السويسري هنري دونان وكان يومها في رحلة تجارية إلى إيطاليا عام 1859، وشاءت الأقدار أن يكون قريبًا من ساحة الحرب في مدينة «سولفرينو» شمال البلاد، ورأى عجز الخدمة العسكرية الطبية عن علاج العدد الهائل من الجرحى يومها. وكان هنري دونان مطبوعًا على فعل الخير ومساعدة الآخرين بحكم تربيته الأسرية، فساهم في تخفيف آلام الجرحى، لكنها كانت تجربة قاسية جدًّا غيرت مسار حياته. وبعد ذلك أخذ يفكر في حل عملي لمثل هذا النوع من الأزمات من وجهة نظر إنسانية، وكانت فكرته غير مسبوقة وارتكزت على ثلاث نقاط كانت أساسية بالنسبة له:

1. **المشكلة: الحرب قاسية ويجب تحقيق السلام، لكن المهم تقليل حجم تلك المعاناة.**
2. **الإمكانية: إنشاء جمعيات إغاثة مستقلة في كل بلد لإغاثة ضحايا الحرب.**
3. **وضع اتفاقية دولية لقوننة تأسيسها ونظام عملها.**

وفي عام 1863 تأسست الحركة الدولية للصليب الأحمر، وفي عام 1919 تأسس الاتحاد الدولي للصليب الأحمر والهلال الأحمر 1919، ويستخدم الهلال الأحمر بدلًا من الصليب الأحمر في مجموعة من الدول الإسلامية.

وإن كانت فكرة هنري دونان قد انطلقت لإغاثة المشاركين في الحروب، لكنها اتسعت لاحقًا لإغاثة ودعم ضحايا المجاعات والكوارث الطبيعية مثل الفيضانات والزلازل من دون تمييز على أساس العرق أو الدين أو المعتقدات.

ج. الطب الشرعي

ماذا يفعل المحققون وضباط الشرطة لحل لغز جريمة ما؟

يستخدم المحققون والسلطات أساليب ووسائل علمية عند فحص موقع الجريمة. يدرس المختصون في الطب الشرعي الأدلة التي يجدونها في موقع الجريمة والأماكن التي يتردد عليها المشتبه بهم، ويفحصون أجساد الضحايا. قد تكون الواقعة جريمة سرقة أو قتل أو اعتداء أو تخريب أو تزوير، فيبحث المحققون عن علامات وإشارات تسمى أدلة ومفاتيح لحل اللغز مثل: بصمات الأصابع، أو آثار دماء أو عرق، أو آثار إطارات المركبات، أو أحذية أو طلقات فارغة، أو ثقب أحدثته طلقات، أو زجاج مكسور، إلى غير ذلك من علامات في مسرح الجريمة.

ومع الانتباه إلى مثل تلك التفاصيل الصغيرة وجمعها وتحليلها، يتمكن المحققون من الاقتراب من تحديد الجاني واستبعاد المشتبه بهم الذين تثبت براءتهم في أثناء التحقيق.

أما اللصوص والمجرمون فيحاولون إخفاء الأدلة والعلامات أو تدميرها أو تشويهها، بهدف عرقلة البحث والتقصي وإحقاق العدالة.

7

المنظمات وشعاراتها

هناك أعداد كبيرة من المنظمات في العالم:

أ. المنظمات الدولية وتكون الدول أعضاء فيها، وأبرزها المنظمات التابعة للأمم المتحدة.

ب. المنظمات الإقليمية وتشمل دولًا من مناطق جغرافية معينة غالبًا، وتجمعها مصالح مشتركة مثل جامعة الدول العربية ومجلس التعاون لدول الخليج العربية.

ت. المنظمات المحلية وتسمى غالبًا المنظمات غير الحكومية، وتخدم عبر برامجها مصلحة المجتمع وأفراده داخل الدول.

وتنجح شعارات تلك المنظمات في تفسير أهدافها التي أنشئت من أجل تحقيقها. وعدد المنظمات الإقليمية والدولية كبير حول العالم، ونذكر منها على سبيل المثال:

- **مجلس التعاون لدول الخليج العربية**

منظمة إقليمية سياسية واقتصادية وعسكرية وأمنية عربية يعرف باسم مجلس التعاون الخليجي، مكونة من ست دول عربية تطل على الخليج العربي، وتشكل أغلبية مساحة شبه الجزيرة العربية، هي المملكة العربية السعودية وسلطنة عمان والإمارات العربية المتحدة ودولة الكويت ودولة قطر ومملكة البحرين. وتأسس مجلس التعاون لدول الخليج العربية في 25 مايو 1981.

- **المنظمة العربية للتربية والثقافة والعلوم (أليكسو)**

منظمة إقليمية متخصصة، مقرها تونس، أنشئت عام 1970، تعمل في نطاق جامعة الدول العربية وتعنى بالنهوض بالثقافة العربية وتطوير مجالات التربية والثقافة والعلوم، ورفع المستوى الثقافي وتحقيق الوحدة الفكرية بين أجزاء الوطن العربي عن طريق التربية والثقافة والعلوم، وتنهض المنظمة بالعمل على التطوير التربوي والثقافي والعلمي والبيئي والاتصالي فيها، وتنمية اللغة العربية والثقافة العربية الإسلامية داخل الوطن العربي وخارجه.

- **منظمة المدن العربية**

منظمة إقليمية تأسست في الكويت عام 1967، وتهدف إلى الحفاظ على هوية المدن العربية وحماية تراثها، إلى جانب تحديث البلديات ودعم مشروعاتها، وتقديم القروض والمساعدات لتمويل خطط التنمية وغير ذلك. وتهدف المنظمة إلى تحقيق التنمية المستدامة في المدن العربية.

- **منظمة يونيسيف**

منظمة دولية أنشأتها الجمعية العامة للأمم المتحدة في 1946، وتعمل في 190 دولة لإنقاذ أرواح الأطفال والدفاع عن حقوقهم ومساعدتهم على تطوير إمكانياتهم بدءًا من طفولتهم المبكرة وصولًا إلى مرحلة المراهقة.

- **منظمة يونيسكو**

هي منظمة دولية للتربية والعلوم والثقافة وتابعة للأمم المتحدة، وتعنى على نطاق دولي بإدارة برامج تتعلق بالتعليم والعلوم والفنون. وتنسق العمل في تلك المجالات بين الدول الأعضاء.

- **برنامج الغذاء العالمي**

منظمة إنسانية دولية تحاول إنقاذ الأرواح بتقديم المساعدات الغذائية في حالات الطوارئ. وتتعاون مع المجتمعات المحلية لتحسين التغذية وبناء قدرة المجتمعات على الصمود.

- **منظمة الصحة العالمية**

منظمة دولية تابعة للأمم المتحدة تساعد الدول على تحسين صحة مواطنيها عبر تقديم المعلومات بشأن الأمراض وبرامج التوعية الصحية لا سيما التحصين وغيره.

- **الحركة الدولية للصليب الأحمر والهلال الأحمر**

شبكة إنسانية دولية تقدم العون والمساعدة لضحايا الكوارث والحروب ومن يواجهون مشكلات صحية واجتماعية. تتألف الحركة الدولية من 191 جمعية وطنية من جمعيات الصليب الأحمر والهلال الأحمر حول العالم.

- **منظمة الصليب الأخضر**

منظمة دولية مهمتها مواجهة التحديات المجتمعة للأمن والفقر والتدهور البيئي من أجل كفالة مستقبل مستدام وآمن. وتسعى المنظمة إلى إيجاد حلول عن طريق الحوار والتعاون. وتسهم في تسوية النزاعات التي تنشأ بسبب التدهور البيئي وتقدم المساعدات للمتضررين من الآثار البيئية الناجمة عن الحروب والنزاعات والكوارث.

- **منظمة السلام الأخضر**

هي منظمة دولية تعرف باسم «غرينبيس»، وتهدف إلى ضمان قدرة الأرض على تغذية الكائنات الحيَّة على تنوعها. وتركِّز في حملاتها البيئية على قضايا أساسية مثل: ظاهرة الاحتباس الحراري، ومنع التعدي على الغابات، ووقف الصيد الجائر البري والبحري، ووقف هندسة الجينات، ومناهضة الأسلحة النووية.

العلامة رمز أو تصميم مرئي، أو صوتي، أو شيء ملموس تحمل المعنى من مرسِل إلى مستقبِل يتمكن من تفسير الرسالة وإدراك معناها. والعلامات مثلها مثل الكلمات والجمل التي تتضمن معاني تضمن التواصل بين طرفين؛ مرسل وآخر مُتلقي.

ونستخدم العلامات للدلالة على:

- **فكرة مجردة: تعبر عن السلام، والقوة، والاتحاد، والديمقراطية، والعدالة على سبيل المثال. ونسمي تلك العلامة رمزًا.**
- **منتج أو خدمة: كمبيوتر، وسيارة، ولعبة، وخدمات الإنترنت والاتصالات الهاتفية، وغير ذلك. ونطلق على تلك العلامة اسم «علامة تجارية» (Trademark).**
- **منظمة أو مؤسسة: شركة اتصالات، وشركة نقل وشحن، ومنظمة وهيئة قانونية، ونادٍ، وجامعة، وغير ذلك، ونطلق على تلك العلامة اسم «شعار» (logo/emblem). حدث أو فعالية: مؤتمر، وحفل، ومعرض ثقافي، وبطولة رياضية، وغير ذلك. ونطلق على تلك العلامة اسم «شعار» (logo/emblem).**
- **إرشادات: توجيهات ومعلومات بشأن مكان معين أو اتجاه محدد، ونسميها «علامة إرشادية» (guide signs, signposts).**
- **تحذير: توعية الناس من خطر ما أو تحذيرهم من انتقال عدوى على سبيل المثال. ونسميها «علامة تحذيرية» (warning signs).**

8

ما العلامة؟

أ. ما فائدة العلامات والشعارات والرموز؟

- وسيلة للتواصل بكفاءة، يسهل تمييزها وتفسيرها والاحتفاظ بها في الذاكرة.
- قد تحل محل كلمة أو كلمات أو جُمل، وتؤدي نفس الغرض، فالعلامة رسالة كاملة ومفهومة قد تحتوي أو لا تحتوي على كلمات.
- يعتمد الناس الذين يتحدثون لغات مختلفة على العلامات لتسهيل التواصل فيما بينهم.
- نستخدمها لحل مشكلة أو مواجهة تحدٍّ أو تلبية احتياج ما، أو حتى من أجل التسلية واللعب.

ب. كيف تصنعين شعارًا أو رمزًا مميزًا؟

لنفترض أنكِ تعملين في مجال تصميم الإعلانات في إحدى الشركات الإعلانية. وطلبت منكِ شركة سيارات أن تبتكري «شعارًا» لسيارتها الجديدة التي ستطرحها في الأسواق. تقابلين ممثل الشركة فيطلب منكِ تصميم شعار على هيئة حيوان أو طائر، للتعبير عن سرعة السيارة وقوة هيكلها ومتانته. وتتفقان على إنجاز الأفكار الرئيسية للتصميم بعد أسبوعين. فما الأفكار التي ستعرضينها عليه؟ ما الرموز التي تكوِّن لدى المستهلكين صورًا ذهنية تدل على أن السيارة المقصودة سريعة ومريحة وآمنة؟ هل فكرتِ في استخدام رمز السلحفاة لأن صدفتها متينة وقوية، مع أن سرعتها بطيئة، أو فكرت بالغزال أو الكوالا أو الحصان أو الفهد أو البطريق ...؟

وإذا افترضنا أن وزارة الثقافة في بلدك طلبت منكَ أن تصممَ لها «شعارًا» يصلح لمعرض دولي لكتب الأطفال. وأخبرك ممثل الوزارة أن موضوع المعرض يتلخص في عنوان «الكلماتُ جسورٌ»، فما الأفكار التي تدور في رأسك حول تصميم هذا الشعار؟

ما رأيك في صورة تضم أطفالًا من أعراق مختلفة بأزياء مختلفة وهم مجتمعون في بهو مكتبة يقرؤون؟ وهل تظن أنك قادر على اختيار شعارات أخرى تعبر عن العنوان المطروح؟

ج. ما الشروط التي تجعل الشعار مؤثرًا؟

باستخدام الكلمات والحروف والأشكال والألوان يمكن تكوين شعار أو رمز مؤثر تكون وظيفته الأساسية إيصال الأفكار والمعلومات المقصودة والمحددة لمجموعة من الناس. وللشعار المؤثر شروط عامة:

- **أن يكون متميزًا عن غيره من الشعارات، وليس تقليدًا لشعار آخر.**
- **أن يكون جاذبًا لانتباه المشاهد فيستقر في ذهنه ويسهل عليه تذكره.**
- **أن يعبر بكفاءة عن الرسالة التي يشير إليها، وأن ينجح في إثارة الاستجابة لدى المتلقي بالربط بين شكل الشعار ومعناه، أي أن يربط الفكرة التي يعبر عنها بالمنتج الذي يعلن عنه، أو بالخدمة المقدَّمة، أو الكيان الذي يروِّج له، أو الحدث الذي يدل عليه.**
- **يقدم رسالة مكثفة ليكون جسرًا بين نقطتين، ويحل محل الكلمات والعبارات، ويَربط بين إدراك المتلقي ومشاعره من جهة، وما يعبر عنه ويشير إليه من جهة أخرى.**

1. **هل شاهدت فيلم الرجل العنكبوت؟ هل ترى أن ألوان زيه ترمز إلى أمور محددة؟**
2. **هل شاهدت فيلم Monsters.Inc (شركة المرعبين المحدودة)؟ هل لاحظت العلامة التجارية في الفيلم وشعار الشركة؟**
3. **ابحث عن ثلاثة شعارات لشركات تنتج أفلام الرسوم المتحركة؟**
4. **هل تذكر شعار برنامج اِفتح يا سمسم؟**

5. رتِّبْ في جدول أسماء وشعارات 10 علامات تجارية تلاحظها في محيط منزلك (جهاز التلفزيون، الهاتف المحمول، شعار دار نشر، علبة أدوية، علبة معجون أسنان، علبة ألوان... إلخ).
6. اجمع 8 شعارات لمنظمات دولية (يمكنك الاستعانة بالإنترنت في بحثك)؟
7. ما اسم فريقك الرياضي المفضل وشارته المميزة؟
8. ابحث عن رموز النجمة والهلال والسيف والنبات والحيوان في أعلام الدول؟
9. ابحث في خريطة العالم عبر «غوغل» عن المعالم السياحية والأثرية والطبيعية الواردة في الجدول، وحدِّدْ أسماء الدول الموجودة فيها: